中国古代科学巨匠

徐潜／主编

吉林文史出版社

图书在版编目（CIP）数据

中国古代科学巨匠 / 徐潜主编．—长春：吉林文史出版社，2013.3（2023.7 重印）

ISBN 978-7-5472-1503-6

Ⅰ.①中…　Ⅱ.①徐…　Ⅲ.①科学家-生平事迹-中国-古代-通俗读物　Ⅳ.①K826.1-49

中国版本图书馆 CIP 数据核字（2013）第 062852 号

中国古代科学巨匠

ZHONGGUO GUDAI KEXUE JUJIANG

主　　编　徐　潜
副 主 编　张　克　崔博华
责任编辑　张雅婷
装帧设计　映象视觉
出版发行　吉林文史出版社有限责任公司
地　　址　长春市福祉大路 5788 号
印　　刷　三河市燕春印务有限公司
版　　次　2013 年 3 月第 1 版
印　　次　2023 年 7 月第 4 次印刷
开　　本　720mm×1000mm　1/16
印　　张　12
字　　数　250 千
书　　号　ISBN 978-7-5472-1503-6
定　　价　45.00 元

序　言

民族的复兴离不开文化的繁荣，文化的繁荣离不开对既有文化传统的继承和普及。这套《中国文化知识文库》就是基于对中国文化传统的继承和普及而策划的。我们想通过这套图书把具有悠久历史和灿烂辉煌的中国文化展示出来，让具有初中以上文化水平的读者能够全面深入地了解中国的历史和文化，为我们今天振兴民族文化，创新当代文明树立自信心和责任感。

其实，中国文化与世界其他各民族的文化一样，都是一个庞大而复杂的“综合体”，是一种长期积淀的文明结晶。就像手心和手背一样，我们今天想要的和不想要的都交融在一起。我们想通过这套书，把那些文化中的闪光点凸现出来，为今天的社会主义精神文明建设提供有价值的营养。做好对传统文化的扬弃是每一个发展中的民族首先要正视的一个课题，我们希望这套文库能在这方面有所作为。

在这套以知识点为话题的图书中，我们力争做到图文并茂，介绍全面，语言通俗，雅俗共赏。让它可读、可赏、可藏、可赠。吉林文史出版社做书的准则是“使人崇高，使人聪明”，这也是我们做这套书所遵循的。做得不足之处，也请读者批评指正。

编　者

2012年12月

目　录

数学泰斗——祖冲之

祖冲之是我国南北朝时期南朝的一位非常杰出的科学家。他在数学、天文、历法、机械制造、文学、音乐等方面都取得了举世瞩目的成就，为我国的历史遗产和文化典籍，增添了绚丽的色彩。他在各领域的贡献，尤其是数学方面，在世界科学史上也占有显著的地位。他的一系列重大成就的取得，跟他的大胆改革、敢于实践、治学严谨以及刻苦钻研的精神是分不开的。

一、祖冲之的生平简史

祖冲之是我国南北朝时期南朝的一位非常杰出的科学家。他在数学、天文、历法、机械制造、文学、音乐等方面都取得了举世瞩目的成就，为我国优秀的历史遗产和丰富的文化典籍，增添了绚丽的光彩。他在各领域的贡献，尤其是数学方面，在世界科学史上也占有显著的地位。他的一系列重大成就的取得，是跟他的大胆改革、敢于实践、治学态度严谨与刻苦钻研精神分不开的。他恪守决不“虚推古人”，而要“搜炼古今”的信念，这种信念成为了他敢于攀登科学顶峰的精神力量。

（一）时势与家世

祖冲之，字文远，祖籍范阳（今河北省涞水县），他生于 429 年，卒于 500 年，享年 72 岁。

西晋末年，中原战乱，大批流民南迁，史载：“洛京倾覆，中州士女避乱江左者十六七。”祖冲之的先祖在这一时期迁至江南。317 年，西晋王室琅琊王司马睿在建康（今江苏省南京市）称帝，国号晋，史称东晋。从 420 年东晋灭亡到 589 年隋朝统一全国的一百七十年间，我国历史上形成了南北对立的局面，这一时期称作南北朝。南朝从 420 年东晋大将刘裕夺取帝位，建立宋政权开始，经历了宋、齐、梁、陈四个朝代。同南朝对峙的是北朝，北朝经历了北魏、东魏、西魏、北齐、北周等朝代。

祖冲之生活在南朝的宋（420—479 年）、齐（479—502 年）两个朝代。宋、齐地处长江中下游，都城建康。西汉以前，这一带经济比较落后。东汉时期，长江流域的经济已经表现出上升的趋势。到三国时期，人口不断增加，经济有

了进一步的发展。西晋末年以来，因为北方各民族统治者互相混战，黄河流域一带的社会经济遭到严重摧残，人民生活没有保障，所以北方的居民便大批向南迁移，这样促使长江流域的经济更加成熟。

南朝的刘宋统治时期，为了巩固自己的统治地位，在政治和军事上采取了一些积极的改革措施，建立了一个相对稳固的封建王朝。特别是初期的二三十年间，社会比较安定，这对于长江流域一带经济和文化的发展，是非常有利的。广大劳动人民大兴水利，发展农业生产，手工业也分外活跃。发展主要体现在三个方面：炼钢、造纸和陶瓷。在炼钢方面，炼钢专家綦毋怀文发明了灌钢法，把生铁和熟铁浇灌在一起，炼成钢。在造纸方面，不仅造出精美的纸张，而且能大批量地生产，纸完全替代了竹、帛，被广泛应用于社会。在陶瓷方面，精美的青瓷出现在制瓷作坊里，刘宋的都城建康成了全国最主要的商业城市。

农业和手工业的快速发展推动了科学技术的进步，这一时期涌现出一大批著名的科学家，祖冲之便是其中非常杰出的人物之一。他的科技发明是经济发展的产物，是社会进步的明证。

范阳祖氏是当时的低级士族，在门阀士族统治的南朝时代，其社会地位是不高的。但是，祖家有世代钻研学习的传统。祖冲之的先祖中，最早被载入史

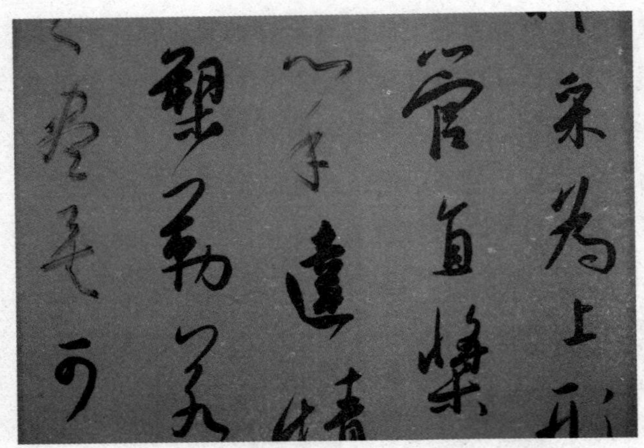

籍的是他的曾祖父祖台之，字元辰，东晋时官至侍中、光禄大夫。桓玄辅政时，曾受命弹劾中书侍郎范泰及前司徒左长史王准之、辅国将军司马殉之“居丧无礼”，致使范泰等罢官离职。祖台之还是一个文学爱好者，撰有《志怪》二卷流行于当世，《隋书·经籍志》将它收在史部《杂传》中。祖父祖昌善于发明创造，在朝廷内担任过大匠卿，这是一个管理土木修建工程的官。父亲祖朔之任奉朝请，是皇帝的侍从官员，跟随在皇帝左右，以备向皇帝提出解决问题的建议。另外，据《隋书》记载，祖家世代掌管历法。祖冲之出生在这样一个家庭里，从小便对天文学和数学产生了浓厚兴趣。他虽没有受过名师指教，但凭着他的聪明和勤奋，博览群书，尤其是前人关于天文、数学等方面的著述，他都广泛搜罗，认真阅读。还未成年，便以“少稽古，有机思”令当时的人们刮目相看。另一方面，他又决不“虚推古人”，决不把自己束缚在陈腐的典籍文献之中，而是进行了精密的测量和仔细的推算，像他自己所说的那样，每每“亲量圭尺，躬察仪漏，目尽毫厘，心穷筹策”。祖冲之这种敢于对前一代的科学遗产取其精华，去其糟粕，敢于怀疑古人陈腐学说，敢于推翻前人的错误结论的高贵品质，是值得后人学习的。

（二）科研之途

早在青年时代，祖冲之就以好学深思、敢于创新闻名于世。南北朝时期的宋朝下设有华林学省的机关，专门从事科学技术研究。刘宋统治者鉴于祖冲之博学的名气，将其安置在华林学省，从事学术研究工作。因其成绩出色，被朝廷“省赐宅宇车服”。

宋大明五年（461 年），皇族刘子鸾被任命为南徐州刺史。祖冲之也被派在刘子鸾手下做一个小官——从事史。南徐州包括现在山东南部、江苏西部和安

徽的一部分，行政中心在京口（今江苏省镇江市），离南朝首都建康很近。不久，刘子鸾在朝廷里兼任管理民政的长官——司徒，于是祖冲之又在司徒府做名为公府参军的小官。做州的从事史和司徒府的公府参军，这是祖冲之仕途的开始。

此间，祖冲之虽离开华林学省，又担任繁杂琐碎的行政工作，但他并没有放松科学研究。他努力搜集前人的天文历法和数学作品进行认真的研究。如其所说，"搜炼古今，博采沈奥。唐篇夏典，莫不揆量。周正汉朔，咸加核验。罄策筹之思，究疏密之辨"。对张衡的天文、数学著作，东汉末刘洪的《乾象历》和三国时杨伟的《景初历》等等都进行了研究，"撰正众谬"。祖冲之对前人的著作和观点是批判地继承。如东汉初班固所写的《汉书》中提到了六种古代的历法，即《黄帝历》《颛顼历》《夏历》《殷历》《周历》和《鲁历》，后人误认为是各朝代先后所采用的历法，直至祖冲之深入研究后得出新的认识："古术之作，皆在汉初周末，理不得远。"意为那些历书并不是当时编制的，而是后人伪托的产物。根据现代人的研究，也证实了祖冲之的看法是对的。

祖冲之注重研究与生产实践相结合，一向受儒家轻视的天文历法和数学等自然科学成为他研究的中心。根据当时农业生产的需要，祖冲之用了很大的精力去研究历法，长期从事天文观测，旨在编订一部合乎实际的历书。古代天文观测，特别是为了制订历法所进行的天文观测，其中心课题是测量日影的长度。测量日影所用的仪器叫做表，是将铜制的板形标杆，垂直立于地平面上，记录铜表在正午时的日影。这是一种很细致、很繁琐的工作，需要很大的耐心。祖冲之不仅能够"考影弥年"（即全年测量日影），而且持续十年以上，日复一日的积累，使他掌握了丰富的第一手资料。

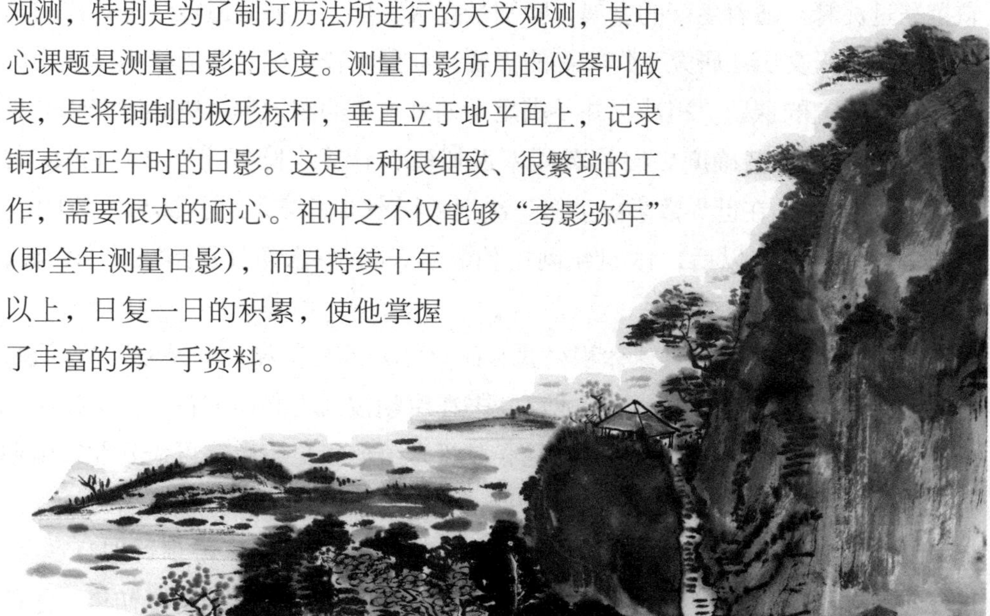

祖冲之针对当时何承天修订的《元嘉历》的粗疏之处，革新闰周、引入岁差和交点月、测算回归年长度等，制订了一种新的历法。宋孝武帝大明六年（462年），祖冲之把他编制的新历法呈献给皇帝。因为这是大明六年提出来的，所以被称为《大明历》。这一年，祖冲之只有33岁，却已攀登上了他所生活的时代的科学顶峰，《大明历》成为科学发展史上的一个里程碑。

464年，前废帝登位，统治集团内部斗争爆发，刘子鸾被杀死。祖冲之也被调到娄县（今江苏昆山县东北），担任县令。祖冲之任娄县县令期间，偶见农妇用碓舂米的情形，既费时又费力。便试制了用水作动力的水碓，这里面包含了水力、杠杆和凸轮原理，以期减小农民的负担。这一想法在他重新回到建康任职时趋于成熟，并最终发明了水碓磨。

祖冲之除了在天文历法方面的杰出成就外，在数学方面的成就更让他人难以望其项背。《九章算术》是中国古代数学名著。祖冲之对此造诣很深，曾为它撰写过注释。随着生产的发展，特别是建筑工程、机械制造、改进容器的精确程度以及天文历法研究工作等等的需要，计算比较精确的圆周率也就成为历代科学家研究的课题。祖冲之并不满足于刘徽求得的圆周率，决心攀登新的高峰。终于求得了精确度更高的圆周率近似值，计算出圆周率在3.1415926到3.1415927之间，在世界数学史上第一次把圆周率准确推算到小数点后第七位。在国外直到一千年以后，15世纪阿拉伯数学家阿尔·卡西计算到小数十六位，才打破了祖冲之的记录。

除此之外，他还推导球体积公式，研究“开差幂”和“开差立”的问题，著《缀术》六卷，数十篇。《缀术》一书在唐朝被列为必读书籍，甚至在中世纪的朝鲜和日本也都被列为必读书籍，其学术价值可见一斑。可惜到北宋中期失传了，造成了永久的遗憾。

宋朝末年，祖冲之回到建康，担任谒者仆射的官职，这是掌管朝廷宴会、臣子朝见皇帝及重大封授典礼的礼节的官。从这时起，一直到南齐初年，他花

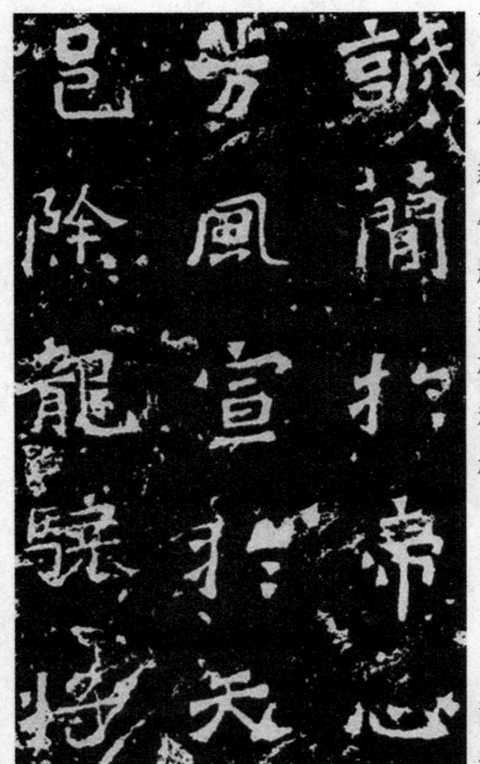

了较大的精力从事机械制造的研制工作。他针对姚兴的“有外形而无机杼，每行，使人于内转之”的有弊病的指南车，重造新式的指南车。他又在诸葛亮原来的“木牛流马”的基础上，敢于革新，制造千里船，“于新亭江试之，日行百余里”，收到明显的效果。同时，他把原来设计的水碓改造加工，“于乐游苑造水碓磨”，这种机械后来被直接应用于农业生产，在农村得到推广。

（三）晚年时代

祖冲之晚年时，南齐统治集团发生内乱，皇室和贵戚大臣也逐渐走向奢侈和腐化，相继聚敛民财。齐武帝死后不久，各个王之间为争夺皇位而互相残杀，朝政混乱。先后即位的五个皇帝都昏庸无能，贪图享乐，无暇处理政务，统治集团内部倾轧比以前更为严重。明帝萧鸾通过流血政变，大肆屠戮，先后诛杀十二个亲王。东昏侯萧宝卷更为残暴，他怕皇位被篡夺，竟把高帝萧道成和武帝的子孙几乎全部杀掉。政治黑暗腐败，经济凋敝，民不聊生，北魏乘机南侵。从隆昌元年（494 年）至永元二年（500 年）间，江南一带陷入一片战火之中。

大概在齐明帝时期，祖冲之兼任军职——长水校尉，即古书所说“转长水校尉，领本职”，“本职”就是指他原来的职务谒者仆射。祖冲之面对这种内忧外患的政治局面，和许多有抱负、有理想的人一样，对国家和社会表现出忧国忧民的情怀，提出了“富国强兵”的政治主张。他向齐明帝上书《安边论》，建议朝廷开垦荒地，发展农业，安定民生，巩固国防，提出了各方面的建议，以期摆脱当时水深火热的政治环境，希望国家能够尽快走出困境。齐明帝看到这篇文章后，很重视他的这些建议，打算派祖冲之巡行四方，兴办一些有利于国计民生的事业。但最终由于战事连绵不息，祖冲之的建议没能顺利地实现。

永元二年（500年），祖冲之72岁，这位我国古代杰出的科学家离开了人间。祖冲之一生革新颇多，发明无数，著述甚富，他把自己关于天文、历法方面的革新与发现都记载于《大明历》《上大明历表》《驳议》三篇之中，这三篇著述经历了连年的战火，历经千年保存了下来。他杰出的数学成就，都载于《九章算术义注》《缀术》《开立圆术》等篇中，遗憾的是早已散佚，但其成果却流芳百世。他发明的指南车、水碓磨、千里船、木牛流马、计时器与欹器等等，虽然原型以及制作方法都已失传，但在史料里亦能寻到蛛丝马迹。除此之外，他还著有《安边论》《述异记》《易老庄义释》《论语孝经注》等数十篇，但大多数均已散佚，留下永久的遗憾。

祖冲之对世界科技作出的贡献，在当时是首屈一指的，这不仅是中国人民的光荣和骄傲，也为世界科技的发展作出了重要的贡献。祖冲之在天文、历法、数学、机械制造等方面取得这样辉煌的成就，并不是偶然的，而是与当时的社会和他自身的努力有着很大的联系。第一，当时社会正在逐步发展，不仅需要政治经济文化的支持，更需要有一定的科学技术来配合前进，因而就推动了科技的进步，祖冲之则顺应了社会生产与科技发展的时代潮流。反过来又为当时的社会的发展作出更大的贡献。第二，祖冲之本人也认真学习，刻苦钻研，他恪守决不“虚推古人”，而要“搜炼古今”的信念，敢于大胆改革创新，这同样是他努力登上科学高峰的重要原因。他勤奋学习、踏实做人的作风也值得我们去学习和发扬。为了纪念他的功绩，1967年，国际天文学家联合会把月球上的一座环形山命名为“祖冲之环形山”，将国际永久编号为1888的小行星命名为“祖冲之星”。祖冲之永远是我们中华儿女的骄傲。

二、推陈出新的天文历法名家

祖冲之是我国历史上著名的天文学家，受其家庭的熏陶，他很早就开始对天文历法进行研究。祖冲之注重实测、勤于思考、善于汲取前人成果、勇于同守旧思想进行斗争的事实，确然载于史籍，这正是他改革创新、成绩卓著的重要原因。革新闰周、引入岁差、回归年长度和冬至日新测、交点月的发现等等都是他的重要贡献。这些成就集中地反映在他所编的《大明历》和《驳议》中。

（一）革新闰周

远古时代，由于畜牧业和农业生产的需要，经过长期观察，总结经验，人们发现了日月运行的某些基本规律。早在三四千年前，我国人民就根据这种规律和月相的变化知道了阴历和阳历两种历法。阴历是观察月的盈亏变化规律得到的，即以朔望月作为确定历月的基础，古人把由一次月圆（或月缺）到下一次月圆（或月缺）的一段时间规定为一个月，每个月二十九天或三十天，十二个月为一年，共计有三百五十四天。阳历是把从第一个冬至到下一个冬至的时间（即地球绕太阳运行一周所需要的时间），算做一年。阳历一年也是十二个月，日数为三百六十五又四分之一天。阴历年和阳历年的日数不同，前者比后者每年要少大约十一天左右，阳历年符合季节的变化，每年都差不多；阴历就不是这样，不过由月相的变化能较准确地判断一个月内的日期，这在古代文化不发达的情况下有其优点，因此，势必要调整阴历年的日数，使之

和阳历年的日数一致。我国古代劳动人民在长期实践中找到了解决的办法，那就是采用闰法，隔两三个阴历年，多加一个阴历月，叫做“闰月”。加了闰月的阴历就可以“补上”和阳历的差距，这种历法是阴阳合历，一般称它为“阴阳历”。

春秋战国时期，我国古代历法家从实践中发现十九个回归年与二百三十五个朔望月非常接近。“四分历”就是按二者完全相等来制订的，十九年中安排七个闰月，它的闰周就是十九年七闰。但是，古人很少使用闰周的名称，古人称十九为章岁，七为章闰。后人把章岁和章闰合称为闰周。这种闰法在当时算是一种创造。但是，随着生产的不断发展，逐渐发现它还不够精确，应当改革。可是在儒家大肆推崇“天不变，道亦不变”的历史条件下，旧的章法沿用了近千年没有被废除。直到5世纪初，人们在长期观测研究的基础上进一步确认旧章法与实际不符，即阴历十九年七闰的日数和阳历十九年的日数不相等。于是，就有人提出了改革，破除章岁。我国历史上第一个改革闰法的是北凉的赵厞，他在412年作《元始历》，第一次不用十九年七闰的旧章法，而改用六百年二百二十一闰。可是赵厞的改革并没有马上被人们所接受，就连著名的天文历法家何承天也没能跳出前人的圈子，不敢废掉旧章法。在赵厞以后二十一年，何承天编制的《元嘉历》仍然使用十九年七闰，没有改革。因此，赵厞的改革在很长时间内没有产生多大影响。

半个多世纪后，才由天文学家祖冲之彻底打破了十九年七闰的旧章法。他吸取了赵厞改革闰法的理论，根据自己长期的实际观测，经过反复认真地研究、计算，发现十九年七闰，闰数过多，在二百年内就要比实际多出一天来，而赵厞六百年二百二十一闰的闰数却又稍嫌稀疏，也不十分精密。因此他根据自己的实测改为三百九十一年中设置一百四十四个闰月，以解决旧章法闰数过多的问题。

祖冲之改革闰法、破除章岁的行动，产生了深远的影响。后来研究历法的人总要讨论闰法问题，所以改革闰法也就成为以后改革历法的主要内容之一。祖

冲之以后，十九年七闰的旧章法被彻底抛弃。这是祖冲之在历法改革中的一项重要贡献。

（二）引入岁差

除了改革闰法以外，祖冲之在历法研究上的另一重大成就，就是划时代第一次应用了“岁差”。

所谓岁差，是指地球自转轴的运动引起春分点位移的现象。地球在旋转运动时时常受到日、月等其他星球吸引力的影响，使地球的旋转速度发生一些周期性的变化。在日、月的引力作用下，地球自转轴的空间指向并不固定，呈现为绕一条通过地心并与黄道面垂直的轴线缓慢而连续地运动。因此，每年太阳运行一周（实际上是地球绕太阳运行一周），不可能完全回到上一年的冬至点上，总要相差一段微小的距离。按现在天文学家的精确计算，大约每年相差 50.2 秒，每七十一年八个月向后移一度，这就是岁差现象。我国古代的岁差值是由冬至点（或夏至、秋分点）赤道宿度的变化量计算而得的，所以，所得岁差是指赤道岁差值。

随着天文学的逐渐发展，我国古代科学家们渐渐发现了岁差的现象。西汉的邓平、东汉的刘歆、贾逵等人都曾观测出冬至点后移的现象，不过他们都没能明确地指出岁差的存在。

4 世纪，东晋著名天文学家虞喜，根据对冬至日恒星的中天观测，发现岁差，并定出冬至点每五十年后退一度。《宋史·律历志》记载：“虞喜云：‘尧时冬至日短星昴，今二千七百余年，乃东壁中，则知每岁渐差之所至。’”

岁差这个名词即由此而来。岁差的发现，是中国天文学史上的一件大事。虞喜发现岁差，虽然比古希腊的依巴谷晚，但却比依巴谷每百年差一度的数值

精确。继之给出新的岁差值的是何承天。他认为岁差每一百年差一度。从本质上看，这两个人的基本思想是一致的，都是测定尧以来某特定恒星赤道宿度的变化，再以距年数除之，而得岁差值。

岁差的发现本来对历法改革有巨大意义，但近百年里研究历法的人却都对其置之不理，何承天在他所制定的《元嘉历》中也没有应用岁差。

祖冲之是在历法中应用岁差的第一人。他继承并发展了虞喜法，使我国古代岁差值的测定法趋于成熟。据《宋书·律历志下》记载，他不但利用了尧典的记载，而且考虑了他所认定的颛顼历和太初历冬至日所在宿度及东汉初年和后秦姜岌实测而得的冬至点位置，兼顾及他本人“参以中星，课以蚀望”而得的当时冬至点位置，然后“通而计之”，得到新岁差值每四十五年十一个月后退一度。祖冲之法的长处是利用了更多的历史资料于岁差值的推算，这对精确度的提高无疑是有益的。但由于祖冲之根据的天文史料还是不够准确的，所以他提出的数据自然也不可能十分准确。尽管如此，祖冲之把岁差应用到历法中，在天文历法史上是一个创举，为我国历法的改进揭开了新的一页。到了隋朝以后，岁差已为很多历法家所重视了，像隋朝的《大业历》《皇极历》中都应用了岁差。祖冲之所创之法为后世所沿用，成为我国古代岁差值推算的最基本方法。

岁差的测定与恒星年长度的测定有着密切的关系。由于历法中应用了岁差，所以“回归年”和“恒星年”才有了区别。回归年就是太阳连续两次经过春分点所需要的时间，又叫做“太阳年”，也就是一周天。恒星年就是太阳连续两次经过某一恒星所需要的时间，即地球绕太阳公转的一个周期，也就是一周岁。

祖冲之首先在历法中引进了岁差的概念，也是他第一次明确给出了恒星年的长度值，他实际上建立了为后世历法广泛使用的如下关系式：

恒星年长度＝回归年长度＋赤道岁差值

祖冲之非常精确地测出一回归年的日数是365.24281481日。现代天文学所测一回归年为365.24219879日，祖冲之的结果和这个数字只差

约五十秒，一年中仅有六十万分之一的相对误差。直到608年，隋代天文学家张胄玄在他所作《大业历》中求出一回归年为365.24203170日，优于祖冲之的数值。祖冲之的结果保持了一百三十多年之久。

（三）冬至时刻测量法

冬至时刻的测定是我国古代历法的重要课题之一。古人发现，在一年的不同季节里，同样一根圭表（标杆）的日影长短不同：冬至日影最长，过了冬至渐短；夏至日影最短，过了夏至又渐长，周而复始。因此，测量圭表日影可以定出一年中的节气，特别是日影最长的那一时刻，便是冬至点。古代历法都以冬至点为一个回归年的开始。所以测量冬至点的准确时刻，就成为制历的关键。历代历算学者在这方面做了许多工作，留下了一批测量成果。随着圭表测量技术的进步与冬至时刻计算方法的改进，这些成果日趋精密。

自周代一直到刘宋何承天以前，冬至时刻测定的误差绝大多数在先或后两三天之间。周代以及其后相当长的一段时间内，测定冬至的方法，大约只是寻找一年内正午日影最长的日子就定为冬至日。由于“景之差行，当二至前后，进退在微芒之间”，加上影长的测定受其他因素的影响，所以用这种方法确定冬至日，有两三天的误差是不足为怪的。而且实际上冬至时刻是无法单纯从直接的日影测量中取得的，因为一回归年的日数不是整数，若按此计算，第一年冬至点在正午，第二年冬至点就在傍晚，第三年则应在半夜，第四年在早晨，第五年才又回到中午。因此，要连续观测很多年才能判定。如果这中间遇到天阴下雨，见不到日影，便又要重新开始，加上圭表的误差等等，都要影响到观测

的精确度。到西汉，人们大约已经认识到这一点。太初历中测定冬至时刻为太初元年十一月甲子夜半，这必是采用了直接测量与间接推算相结合，以推求冬至时刻的某种方法。很可能当年人们测得十一月甲子日和其前一日中午时分的影长相等，且它们又是一年内日影最长的两日，由此就不难推出甲子日夜半冬至的结论。这一结果是这一阶段中达到的最佳成果。

北宋周琮指出："晋、汉历术，多以（至）前后所测晚晷，要取其中。"如何"要取其中"，不得其详。由于冬至前后日影变化甚微，不论用哪一种可以设想到的"要取其中"的方法，推算结果都存在很大的不确定性或误差。所以汉晋时冬至时刻的测定仍存在较大的误差。虽有观测依据，但实际上是凭经验和估计求得的。尽管如此，"要取其中"的思想，已经具有后世冬至时刻测定方法的雏形。

何承天时期，测影手段没有什么进展，只能尽力把测影工作做得精细些，"立八尺之表，连测十余年"。何承天依据这一点，把冬至时刻测定的误差降到了五十刻左右。

具有严格数学意义上的冬至点观测方法，是祖冲之首先提出来的。他的具体做法和推算方法，在南朝《宋史·历律志》中有详细记载。

他在（刘）宋·大明五年（461 年）冬至前后用圭表测量了三个晴天的正午日影：

（农历）10 月 10 日（A），影长 10.7750 尺（a）

11 月 25 日（B），影长 10.8175 尺（b）

11 月 26 日（C），影长 10.7508 尺（c）

祖冲之假设在冬至前后日影长度变化是对称的，那么，日影最长的冬至点的时刻就在 A、B 之间，而且在 B、C 间有一时刻 X，其影长与 a 相等。而 AX 中点 Y 就是冬至点所对应的时刻。为求 Y 点，取 AB 中点 M。则应有 AM+MY=YB+BX。将 AM=MB=MY+YB 代入，即得

$2MY=BX$ 或 $MY=\frac{1}{2}BX$。他又设在一天之内（1 日 =100 刻）日影变化是均匀的，则有 $(b-c):(b-a)=100:BX$，代入具体数值，算得 $BX\approx64$（刻），$MY=32$（刻）。因为 M 点是（农历）十一月三日零时，故这一年的冬至点是十一月三日子夜后 32 刻。

祖冲之的方法把汉晋时期已经萌芽的方法大大推进了一步。他给“要取其中”的思想确定了一种可靠的数学表达形式。他为简化问题所作的假设都是科学合理的，整个测算过程的时间大大缩短，且不受天气影响，这种方法表现出他在活用数学知识解决实际问题时的高度智慧，方法本身有很高的理论意义和实用价值。并且使《大明历》冬至时刻测定的误差降到二十刻左右，这是一个了不起的进步。

（四）测定交点月值

祖冲之在历法研究方面还有一个巨大的成就，就是《大明历》中第一次明确给出了交点月长度值。

所谓交点月，就是月亮连续两次经过“黄道”和“白道”的交叉点，前后相隔的时间。黄道是指在地球上看到的太阳运行的轨道，白道是指在地球上看到的月亮运行的轨道。交点月的日数是可以推算出来的。最早隐见于刘洪的《乾象历》，此历中含有所谓的月行阴阳术，其中与交点月有关的关键术文是：

“通数（31）乘会数余（48）如会数（47）而一，退分（$\frac{48\times31}{47}$）也。从以月周（7874），为日进分（$\frac{48\times31}{47}+7874$）。会数乘之通数而一，为差率（$\frac{7874\times47}{31}+48$）。”

文中刘洪明确指出了交点西退的问题，而且给出了交点西退的定量数值，

并阐述了在一个交食周期内，交点月个数、朔望月个数和交点年个数之间的数量关系，但遗憾的是，他并没有对交点月长度进行具体的计算。

祖冲之制历时，经过潜心研究，首度求出交点月的长度值。在《大明历》中，祖冲之根据长期实测得出了一系列数据，其中有“通周七十二万六千八百十”“会周七十一万七千七百七十七”，还有“通法二万六千三百七十七”。用“通法”去除“会周”为交点月，等于 27.21223 日，和现在所测得的交点月的日数仅差不到二百七十万分之一（今测为 27.21222 日），在一千五百多年前，得到这样精密的结果，确实是惊人的。

交点月的发现对于推算日食和月食发生的时间、位置等有很大的作用，祖冲之曾用《大明历》推算从元嘉十三年（436 年）到大明三年（459 年）这二十三年中所发生的四次月食和月亮在天空的位置，都和实际情况相符合。

祖冲之是我国天文学史上第一个明确求出交点月数值的天文学家，从此交点月数值成为制历家必求的数据。这是祖冲之在天文学史上的一项重大贡献。

（五）五星会合周期与恒星周期

先秦和西汉时期，一些天文学家比较注重实践，主张革新，很注意对天文历法的研究，对五大行星进行过长期连续观测，并有详细记录，从而总结出它们的“会合周期”和“恒星周期”。五星会合周期，就是以太阳作为标准点，行星与太阳两次同一黄经的时间间隔；恒星周期，就是以恒星作为标准点，行星与某一恒星两次同一黄经的时间间隔。

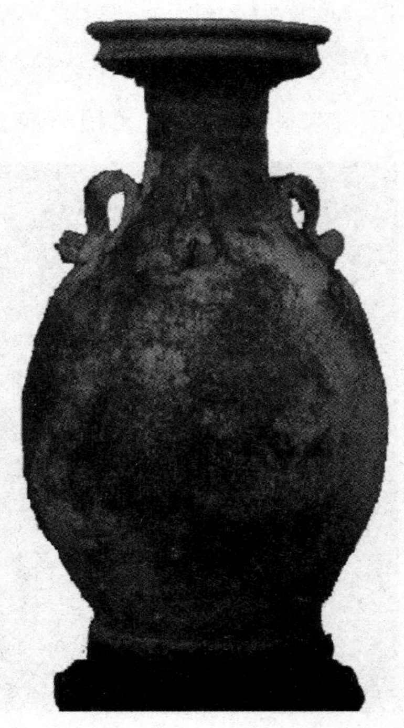

据《开元占经》记载，甘德曾测得木星、金星和水星的会合周期分别为 400 日、587.25 日和 126 日。马王堆汉墓帛书《五星占》中的行星行度部分也指出：木星、土星和金星的会合周期分别为 395.44 日、377 日和 584.4 日。先秦时期测得的木星十二年行天一周，土星二十八年行天一

周。又据《开元占经》记载，火星每日运行0.525度，由此可以推出火星的恒星周期的数值为1.90244年。自汉代以后，人们对五星会合周期和恒星周期的观测和研究日趋缜密。

我国古代大多数历法中的恒星周期都是以日平行率的形式隐含在历法之中的。换句话说，五星的日平行率是恒星周期的特殊形式。先秦时期，日平行率的概念就已产生，在太初历、东汉四分历中也有关于日平行率（即“通率”和“通其率”）的记载。简而言之，所谓日平行率，指的是行星一日相对于某一恒星运行的度数，而恒星周期则是行星相对于某一恒星运行一周所需的日数。这其中对木星日平行率有一种特殊的求解方法，它与该历法所涉及的岁星超辰法有密切的关系。

古人认为木星在天空运行一周所需的时间为十二年（恒星周期），把它的轨道分为相等的十二段，每一段叫做“辰”。秦汉以来，人们经过长期的实际观测发现木星并不是十二年行天一周，如刘歆就提出了岁星一百四十四年超一辰的超辰法，即木星一百四十四年绕太阳运行十二又十二分之一周，这个结果虽不精确，但却是重要发现。

祖冲之对五大行星会合周期和木星的恒星周期重新进行了测定和研究，获得一些较好的结果，其中特别是打破了《太初历》中关于木星的超辰法。据《大明历》记载，祖冲之算得日平行率值为 。该值的含义是，经过八十四年，木星行天七周又超一辰。祖冲之《驳议》中有术文曰：木星“行天七

币，辄超一位”，指的就是这种八十四年超一辰的超辰法。此结果即定木星公转周期为 11.858 年。现代科学家推算木星运行的周期约为 11. 862 年。祖冲之算得的结果，同这个数字仅仅相差 0.04 年。这是祖冲之在天文学史上一项很有价值的成就。

此外，祖冲之还算出水星运转一周的时间为 115.88 日，这同近代天文学家测定的数字在两位小数以内完全一致。他算出金星运转一周的时间为 583.93 日，同现代科学家测定的数字仅差 0.01 日。此结果虽不够精确，但依然使五星周期的精确度大大提高。

（六）《大明历》及与戴法兴的辩论

1.《大明历》及《上“大明历”表》

祖冲之把自己对闰周、岁差、回归年长度和冬至日、交点月等的观点与发现，革新和创见都应用于新历法的研究中，精心编纂了《大明历》，并于宋孝武帝大明六年（462 年）呈献给皇帝，请求公布实行，时年他仅 33 岁，堪称“雏凤发新声”。

祖冲之把《大明历》写好以后，又写了篇《上“大明历”表》。这个“表”主要是阐明编写《大明历》的目的以及指出何承天《元嘉历》的错误和误差。

在《上“大明历”表》中，祖冲之写道：“臣博访前坟，远稽昔典，五帝躔次，三王交分，《春秋》朔气，《纪年》薄食，（司马）谈、（司马）迁载述，（班）彪、（班）固列志，魏世注历，晋代《起居》，探异今古，观要华戎。书契以降，二千余年，日月离会之征，星度疏密之验。专功耽思，咸可得而言也。加以亲量圭尺，躬察仪漏，目尽毫厘，心穷筹策，考课推移，又曲备其详矣。”

这是说他的《大明历》是建立在详尽研究前代天象记录（气朔、交食、五星运动等）的基础上的，又是建立在对实际天象（晷影、漏刻、日月五星位置）的认真

观测和精心计算的基础上的。

祖冲之又写道："日月所在，差觉三度，二至晷景，几失一日，五星见伏，至差四旬，留逆进退，或移两宿。分至失实，则节闰非正，宿度违天，则伺察无准。"

这是说经由他的测验，发现《元嘉历》所定冬至点位置有三度之差，冬至时刻差不多有一日之差，五星见伏时间有差达四十天的，五星发生留或逆行时所在恒星间的位置有差至两个宿次的。何承天所制《元嘉历》已不准确。这些误差势必造成节气不正、闰非其月的严重问题，也势必不能准确预报和观察五星凌犯等现象或其所在的位置。所以，改历势在必行。

随后，他逐一阐述了他新制历法的改革和创新之处，"谨立改易之意有二，设法之情有三"。

2. 精彩绝伦的辩论过程

当新历送至宋孝武帝面前时，宋孝武帝命令懂得历法的官员对这部历法的优劣进行讨论。在讨论过程中，祖冲之遭到了以戴法兴为代表的守旧势力的激烈反对。戴法兴是宋孝武帝的亲信大臣，极受孝武帝喜爱。

戴法兴完全站在儒家复古立场上，反对革新，认为"冬至所在""万世不易"，给祖冲之扣上"诬天背经"的罪名；认为十九年七闰法乃"古人制章，立为中格""此不可革"，批评祖冲之推出新闰周是"削闰坏章"，嘲讽闰周之事"恐非冲之浅虑妄可穿凿"；说什么"岂能刊古革今"，还反诬祖冲之所论"每有违舛"；认为如果"星无定次，卦有差方，名号之正，古今必殊"等等。

在儒家看来，天上的星宿和人间相对应也是有君臣贵贱之分的，按照孔子"贵贱有序"的准则，它们在天上都按一定的方位排列，这种方位是绝对不能变动的，这就是所谓的"正名分"。如果星的方位一变，就意味着君臣贵贱的位置发生了变化，则触犯了封建统治阶级。

显然，戴法兴的观点是完全错误的。他站在极保守的立场上，一味强调旧法之神圣，却提不出任何一条旧法是而新法非的像样理由，更以居高临下的傲

慢态度，讽刺挖苦，横加罪名，可谓气势汹汹。

戴法兴蓄意挑战，要和祖冲之“随事辨问”。面对戴法兴的挑战，祖冲之没有屈服于权势的压力，在分析了戴法兴的反对意见之后，他的反应是“浮辞虚贬，非所惧”，保持了镇定自若的心态。年轻职卑的祖冲之以大无畏的精神，义正词严地逐点批判了戴法兴的谬论，揭露了他的丑恶嘴脸。在皇宫里当着宋孝武帝的面同戴法兴展开了说理斗争。为此，他写下了科学史上有名的文献——《驳议》。

祖冲之在《驳议》中从开头就列举出了许多事实，来说明前人在科学上并不是没有错误的，需要“撰正众谬论”；同时也说明自己在历法上的看法都有确凿的证据，不容置疑，表现了不受古人思想束缚的革新精神。

他针对戴法兴不能“刊古革今”的主要论点，历数古六历为黄帝、颛顼等圣贤所作的观念是缺乏依据的，一口气提出其“可疑之据”有六。他又以纬书所载古六历彼此矛盾，莫衷一是的状况，说明“谶记多虚”和古六历的可疑；他还引刘向、桓谭、贾逵、杜预等大儒对纬书“矮妄”的论断和对古六历的怀疑，作为旁证。得出结论：“周汉之际，畴人丧业，曲技竞设，图纬实繁，或借号帝王以崇其大，或假名圣贤以神其说。”从而推翻了不能“刊古革今”的观点。

针对戴法兴所说的，制定历法非凡夫所测，因而“非冲之浅虑，妄可穿凿”。祖冲之以自己多年来坚持不懈测得的数据为依据，表明事物“自其定准，非为衍度滥徙”，即有它的规律性。而这些规律，“非出神怪，有形可检，有数可推”，既可以具体地观测，又有定量的规律可以推算，同时举例说明这些规律是“凡人”们可知的。

针对戴法兴所说，不应“削闰坏章”的反对理由，祖冲之详细地举出多年来亲自观测冬至前后各天正午日影长短的变化，精确地推算出冬至的日期和时刻，从此说明十九年七闰是很不精密的。

针对戴法兴的其他反对理由，祖冲之都依据事实，一一予以驳斥。

“诬天背经”，在时人看来自然是莫大的罪名，祖冲之不能对此置若罔闻。祖冲之的这些申述，以验天实据为证，兼引经史为据，既以论证岁差的存在为核心，又表明了遵天循经的立场，还隐含真正诬天背经者乃是戴法兴自己之意。可谓古来辩论的妙文。

在辩论过程中，祖冲之以十分顽强的斗争精神，当着皇帝和满朝文武大臣的面，逐条驳斥了戴法兴的论点，并且一再要他“准以实见”。戴法兴被祖冲之驳得体无完肤，哑口无言。由于戴法兴“权重一时”，他“既立异议，论者皆附之”，无人敢站在祖冲之的立场，当时只有一大臣名叫巢尚之，公开站出来替祖冲之辩护。他表示《大明历》是祖冲之多年研究的成果，根据《大明历》来推算元嘉十三年（436 年）、十四年（437 年）、二十八年（451 年）、大明三年（459 年）的四次月食都很准确，用旧历法推算的结果误差就很大，《大明历》既然由事实证明比较好，就应当采用。巢尚之和戴法兴同为孝武帝身边宠信，态度和立场却决然不同。

3.《大明历》实行的坎坷之途

这场辩论过后，孝武帝虽表示“欲用（祖）冲之新法”，可他于大明八年（464 年）去世，不及颁用新历。废帝于 464 年即位，此时戴法兴权倾朝野，改历之事被搁置一旁，无人问津。过不多久，刘宋也灭亡了，代之以齐。当时的统治者昏庸无能，不学无术，肆意宣扬佛教，轻视科学技术，历法改革一事无从谈起。到萧齐武帝时，事情似乎有了转机，“文惠太子（萧长懋）在东宫，见（祖）冲之历法，启武帝施行。文惠寻毙有寝”。文惠太子卒于萧武帝永明十一年（493 年），事有不济，未能如愿以偿，改历之事又搁置起来。直到祖冲之死后，其子祖暅进一步研究了《大明历》，并且证实《大明历》比其他历法精密可靠。他从梁天监三年（504 年）起，前后三次向南朝梁武帝推荐《大明历》，建议施行。梁武帝命人重新进行实测检验。经过八九个月，测验结果证明：《大明历》精密，《元嘉历》粗疏。这样，才从年天监九年（510 年）开始在梁

施行《大明历》，废除《元嘉历》。一直沿用了八九十年。从祖冲之献上《大明历》到开始施行，中间差不多经过了半个世纪，这时祖冲之已离开人世十年了。

由祖冲之献《大明历》，写《上"大明历"表》，以及与戴法兴的这场震动朝野的辩论，可见祖冲之尊重实践、实事求是、敢于创新的可贵精神，以及思路清晰、层次分明、就实避虚的辩论技巧；亦可见戴法兴妄自尊大、食古不化的嘴脸。这场辩论的实质，是革新与守旧之争，是真理对权势的挑战。祖冲之在这场斗争中，继承并发展了前代许多历学家坚持实践的历法思想，表现了不畏权势、坚持真理的极大勇气。

直至今天，我们了解到祖冲之的《大明历》亦有许多缺失之处，"不虚推古人"是他的一句名言，也是对戴法兴的回答。正是这种实事求是、敢想敢干、"不虚推古人"的精神使他能够大胆革新，取得了如此巨大的成就。

三、享誉中外的数学泰斗

祖冲之不但精通天文、历法，而且在数学方面的贡献尤为突出。其中以他对圆周率的计算最为著名，可谓“名垂千古”，中外史书都有记载，从而把我国数学水平推入一个光辉灿烂的时期，并在该领域遥领风骚千余年，是古代数学史上的一座丰碑。

（一）圆周率的研究基础

在生产和生活上常常要计算圆面积、圆柱体积、圆锥体积等等，在计算中总要用到圆周率，圆周率是圆周长与直径的比。它是一个无理数，不能用一个分数或循环小数完全表示出来。任何分数、有限小数所表示的圆周率的值都是近似的，而不是真值。

我国古代的劳动人民在生产实践中发现了“周三径一”的圆周率值。但随着生产的发展，特别是建筑工程、机械制造、改进容器的精确程度以及天文历法研究工作等等的需要，以“三”为圆周率，显然是无法满足实践的要求。计算比较精确的圆周率也就成为历代科学家研究的课题。

王莽时期，刘歆受命造标准量器——律嘉量，量是圆柱形，计算容积时就用到圆周率。刘歆没有用 3，而是用 3.1547 或 3.166 为圆周率近似值。到东汉时期，科学家张衡在历法研究中曾用（$\sqrt{10}=3.1622\cdots\cdots$）和 $\frac{92}{29}$ 两个数作为圆周率值。东汉末年，蔡邕认为 $\pi>\frac{25}{8}$（$=3.125$）。三国时，吴人王蕃由于研究天文的需要

也曾以$\frac{142}{45}$（=3.155）为圆周率值。这些新值比 $\pi\approx3$ 是好了一些，但还不够理想，而且可能都是从经验上试验得到的而不是用科学方法求得的。

三国末年，随着生产力的不断发展，加之考核度量衡和天文历法研究的需要，对圆周率精度的要求不断提高。刘徽，这位第 3 世纪中叶的数学家，创立了圆周率的科学求法——割圆术，并将之记录在《九章算术》中。他设圆的半径为 1，把圆周六等分，作圆的内接正六边形，用勾股定理求出这个内接正六边形的周长；然后依次作内接正十二边形、正二十四边形……直至作到圆内接正一百九十二边形，圆内接正多边形的边数越多，它的边长就越接近圆的实际周长，求得的圆周率也就越准确。所以此时求得圆周率的值为$\frac{157}{50}$，其近似值为 3.14，并且说明这个数值比圆周率实际数值要小一些。在当时世界上，这是一个相当精确的数据。割圆术中，刘徽已经认识到了现代数学中的极限概念。他所创立的割圆术，是探求圆周率数值的过程中的重大突破。

（二）祖冲之的历史性突破

刘徽为圆周率的研究打下了坚实的基础，而在这个基础上建造大厦的巨匠是祖冲之。

祖冲之对《九章算术》的造诣很深，曾为它撰写过注释，并且深入研究过刘徽为其作的注。刘徽的割圆术给予祖冲之重要的启示。祖冲之并不满足于前人的成就，认为$\frac{157}{50}$还不够精确。他按照刘徽的方法继续计算下去，从正一百九十二边形，一鼓作气演算到正一千五百三十六边形，得出了 3.1416 的结果，这个结果是当时世界上最好的，古印度数学家也曾得出这个数值，比祖冲之晚了好几十年。然而，祖冲之并不满足，仍然坚持不懈地深入推求。他算到了正一万二千二百八十八边形，又算到了二万四千五百七十六边形，终于求得了

精确度更高的圆周率近似值，计算出圆周率在 3.1415926 到 3.1415927 之间，在世界数学史上第一次把圆周率推算准确到小数点后第七位。在国外直到一千年以后，15 世纪阿拉伯数学家阿尔·卡西计算到小数点后十六位，才打破了祖冲之的记录。

成书于唐代的史书《隋书》中记载了祖冲之对圆周率的研究情况，《隋书》卷十六“律历志”中有这样一段记载：

“古之九数，圆周率三，圆径率一，其术疏舛。自刘歆、张衡、刘徽、王蕃、皮延宗之徒，各设新率，未臻折衷。宋末，南徐州从事史祖冲之，更开密法。以圆径一亿为一丈，圆周盈数三丈一尺四寸一分五厘九毫二秒七忽，朒数三丈一尺四寸一分五厘九毫二秒六忽，正数在盈朒二限之间。密率，圆径一百一十三、圆周三百五十五。约率，圆径七，周二十二。”

在这段文字中，又一次指出：古率很粗略，刘歆、张衡、刘徽、王蕃、皮延宗等人虽然对圆周率有新的计算，仍不精确，祖冲之则“更开密法”，求得“正数在盈朒二限之间”。文中清楚地记载了祖冲之所得到的两个重要结果：

（1） $3.1415926<\pi<3.1415927$

（2） π 之密率：$\frac{355}{113}$

π 之约率：$\frac{22}{7}$

祖冲之明确指出了圆周率的上限和下限，用两个高准确度的固定数作界限，限制一个无理数的大小范围，在当时是前所未有的，这种方法也是现代数学研究中所常用的。

由于中国古代惯于用分数表示数值，因此祖冲之又在上述圆周率的基础上，得出了两个数值。他用$\frac{355}{113}$表示圆周率的最佳分数值，称之为“密率”，又用

$\frac{22}{7}$表示“约率”。

祖冲之的密率是 π 的一个很好的分数近似值，如以它来计算半径为十公里的圆面积，其误差不会超过几个平方毫米，有人证明，在所有分母小于 16604 的分数中，$\frac{355}{113}$是最接近 π 的一个分数，比它更精确的分数将是$\frac{52163}{16604}$。可见$\frac{355}{113}$不仅精确度高，而且简单。1，3，5 三个数字各出现两次（113355），对半后排列于分数线上下，可谓美矣。

（三）无法企及的高峰

祖冲之的圆周率是世界圆周率计算史上的空前杰作，古今中外莫不为这一结果之精确而叹服。

祖冲之用$\frac{355}{113}$作为圆周率值，而西方的圆周率值则是在十六七世纪才出现的，被称为安托尼斯率。这是为纪念荷兰工程师安东尼斯利用阿基米德的割圆术求得$\frac{333}{106}<\pi<\frac{377}{120}$而命名的。安东尼斯之后把两个分数的分子和分母分别加以平均，得到其圆周率：$\pi=\frac{333+377}{106+120}=\frac{355}{113}$。也有人说，德国奥托先在 1573 年发现了 π 的这个数值。但这两个人都比祖冲之晚了一千多年。

我国著名数学家华罗庚先生指出：“$\frac{355}{113}$惊人精密地接近于圆周率，准确到六位小数。”$\frac{355}{113}$是分子、分母不超过 1000 的分数中最接近 π 值的分数。他认为，约率和密率的意义远不止于是圆周率的近似值，其中还孕育着不少道理，不但可以用来推算天文上的许多现象，而且还提出了“用有理数最佳逼近实数的问题”。

日本学者三上义夫在其英文本的《中日数学发展史》（1913年）中，建议将$\frac{355}{113}$称为“π的祖冲之分数值”，我国科学家茅以升在1917年就把$\frac{355}{113}$简称为“祖率”。“祖率”这一名称在日本、新加坡、马来西亚等很多国家都有所使用。

祖冲之在数学上，特别是在圆周率方面的伟大成就，本来是无可怀疑的，可是某些别有用心的外国学者企图把这些成就一笔抹杀。例如法国传教士范亥曾诬陷祖冲之圆周率是在明朝末年西方数学传入中国后伪造的。面对这种蓄意的陷害，我们可以拿出充足的证据，范亥否定不了祖冲之的成就。祖冲之曾把他的数学成果编进他的数学名著《缀术》中，但此书早已散佚。不过成书于唐代的史书《隋书》中记载了祖冲之对圆周率的研究情况。而现传的《隋书》有元朝大德丙午年（1306年）的刊本，其中就有和其他现传版本一样的关于祖冲之圆周率的记载，是在明朝末年前三百余年。北宋时李籍（11世纪）作《九章算术音义》一卷，也引用了祖冲之的圆周率，和《隋书》的记载一样，这更是明末以前五六百年的事。南宋王应鳞的《玉海》中，也提到同样的事实。这些事实足以说明问题了，祖冲之的数学成就，任何人抹杀不了，祖冲之在圆周率研究方面的卓越成就早于西方一千多年。

从刘徽到祖冲之，他们研究圆周率的思想、方法和成果，无不体现了我国古代数学所达到的一个高峰，也是我国古代科学的一个高峰。这一高峰之所以能达到，是与祖冲之那“搜炼古今”“咸加核验”，决不“虚推古人”的科学精神分不开的，是与他那艰苦卓绝的科学劳动和坚忍不拔的坚强毅力分不开的。

（四）实践应用与《缀术》

祖冲之在圆周率方面的研究，有着积极的现实意义，适应了当时生产实践

的需要。他亲自研究过度量衡，并用最新的圆周率成果修正古代的量器容积的计算。

古代有一种器具叫做“鬴”，“深尺，内方尺而圆其外”，外形呈圆柱状。“祖冲之以算术考之，积凡一千五百六十二寸半。方尺而圆其外，减傍一厘八毫，共径一尺四寸一分四毫七秒二忽有奇而深尺，即古斛之制也。”这里所说的“以算术考之”，就是祖冲之用圆周率研究古代量器的容积。

祖冲之又用同样的方法考核了刘歆所造“律嘉量”的容积。此律嘉量仿照古代的“鬴”造成，容积计算较复杂。由于刘歆所用的计算方法和圆周率数值都不够准确，所以他所得到的容积值与实际数值有出入。祖冲之找到他的错误所在，利用“祖率”校正了数值。

“律嘉量斛：方尺而圆其外，庣旁九厘五毫，幂百六十二（平方）寸，深尺，积一千六百二十（立方）寸，容十斗。祖冲之以圆率考之，此斛当径一尺四寸三分六厘一毫九秒二忽，庣旁一分九毫有奇。刘歆庣旁少一厘四毫有奇，歆数术不精之所致也。”

以后，人们制造量器时就采用了祖冲之的“祖率”数值。

祖冲之和他的儿子祖暅的数学研究成果汇集在一部名叫《缀术》的著作中。《缀术》中可能包含有祖冲之为《九章算术》作的注，以及对圆周率、球体体积的研究，内容比较深奥。唐朝李淳风高度评价了祖冲之的数学贡献，认为《缀术》“指要精密，算氏之最者也”。

《缀术》六卷（也有说是五卷的），《南史》一书上说有数十篇。《缀术》是我国历史上很有价值的科学著作之一，内容丰富、深奥，连后来隋代负责数学教育的官员都看不懂，所以“废而不理”。唐显庆元年（656 年）国子监设算学科，对《缀术》比较重视，将其与历代相传的《周髀算经》《九章算术》《海岛算经》《缉古算经》等共同作为主要教科书。其中《缀术》规定学习年限长达四年之久，是所有科目中学习时间最长的，每次考试

内容有七条之多，均居十部算经之最。这充分说明《缀术》内容之丰富，学术水平之高。

唐朝末年，封建军阀分裂割据，教育已无法维持下去，书籍也多有散佚。到赵匡胤统一全国建立宋朝时，仅有少数传本留传下来。《缀术》一书，不久也就在北宋天圣至元丰间（1023—1078 年）失传了。根据记载，10 世纪的宋代数学家楚衍不定期读到过《缀术》，以后的各项记载便都不大可靠了。

《缀术》大概在唐代就传到了日本、朝鲜等亚洲国家，中世纪朝鲜和日本的学校制度和唐制大致相同，《缀术》也都被列为必读书籍。6 世纪《日本国见在书目录》还可以看到《缀术》的书名，12 世纪朝鲜的学校仍规定要学习《缀术》。可惜《缀术》在朝鲜、日本两国也都失传了。

由于《缀术》的失传，现在我们就无法详细知道其内容了。直到现在，对《缀术》内容的探讨，仍然是吸引国内外许多学者很大兴趣的一个问题。

四、巧夺天工的机械巨匠

（一）重造指南车

祖冲之不仅对自然科学进行过广泛的研究，取得了卓越的成就，而且对于机械制造也有杰出的贡献，其中一些项目在当时乃至以后朝代的生产实践中都发挥了作用。比较有影响的项目之一就是重造指南车。

指南车是我国古代人民在机械方面的重要发明创造之一，它的作用大体和指南针差不多，是用来指示方向的。车厢中装有机械，上面装一木人，一只手平伸，开行时先使这只木人手指向南方，不论车子在行走时怎样拐弯，木手会始终不变指向南方。

指南车的结构已经失传，但根据文献记载，可知它是利用齿轮互相带动的结构制成的。相传远古时代黄帝对蚩尤作战，曾使用过指南车来辨别方向。根据文献记载，三国时代的发明家马钧经曾经制造过这种指南车，可惜后来失传了。东晋义熙十三年（417 年），大将刘裕率军北上灭后秦，缴获了一部后秦皇帝姚兴的旧指南车。可是这辆指南车只剩下一个空架子，内部机械已经完全散失。因此，每当行走时，只好用人来转动木人，使它指向南方。这样既费人力，又不准确，所以这车逐渐被废弃了。

后来齐高帝萧道成辅政，就命祖冲之研究古法，准备重新制造一部指南车。经过反复的试验，祖冲之知道要用五个齿轮组成差动齿轮机，才能符合车子向左向右转，木人指南方向不变的要求。要使五个齿轮灵巧的配合，必须计算精密，制作准确。祖冲之算准了每一个齿轮的半径和齿距，叫铜匠依图铸造。前人

所造的指南车，其内部机械可能是木制，祖冲之大胆改用铜制，使指南车的机械更加牢固无损，灵敏度有所提高。最后祖冲之制成了一具铜制的机械，机械的上面插着一个小木人，它的右手前伸，指向南方。

当祖冲之制成指南车的时候，北朝有一个名叫索驭驎的人来到南朝，自称也会制造指南车。齐高帝萧道成就命令他和祖冲之各造一辆，再让他们在乐游苑（今陕西西安大雁塔东北）互相比较试验。结果索驭驎所造的指南车很不灵活，和祖冲之的相比，有很大的差距，索驭驎只得认输，并把自己制的指南车毁掉了。祖冲之所制指南车，我们虽已无法看到原物，但由这件事可以想象出它的精巧程度。

（二）制造水碓磨

齐高帝萧道成与其子齐武帝统治时期（479—493 年）之初，采取了一些有利于社会发展的措施，如下令禁止士家大族招募佃农和占山封水，又减免了赋役，释放了奴婢，修建学舍，兴复教育。他的儿子即位之后，也比较重视农业生产，命令地方官劝课农桑，同时对在北面的北魏派使者进行通好。这一时期，江南的社会经济有所恢复和发展，祖冲之便把更多的精力投入到研究生产问题上，尤其是对农业机械和交通工具方面研究得最多。他把劳动人民和前人的发明创造加以改进和创新，取得更加广泛、更加实用的新成就。水碓磨的创造就是其中之一。

水碓磨可能是利用水流冲击的力量而进行工作的机械。顾名思义，就是要借助水流的力量来磨谷物或者其他物品的工具。它并不是到南齐的时候才形成和应用的。我国古代勤劳勇敢的劳动人民在长期生产实践中很早就开始利用水力舂米的水碓和磨粉的水磨。西晋著名的将领和机械学家杜预就曾经在此基础

上发明了连机碓。在水流很急的地方安装一个大水轮，轮轴有数尺长，上面安一列横木，当水力推动着轮子转动的时候，长轴上的横木就能带动好几个石杵，一起落在石臼里舂米。之后杜预还创造了水转连磨，大约是在水轮的长轴和磨上装上齿轮，在水力大的地方，一个水轮能带动八个磨，同时进行磨粉。连机碓和水转连磨的发明，无疑提高了粮食加工的效率，比单个的碓或磨好多了。但是，它们是分开的，不能同时使用碓和磨，仍有不方便之处。

祖冲之在娄县做县令时，看到农民舂米、磨粉很费力，就想在原来的基础上改进连机碓和水转连磨，改变原来需要很多人同时在一起才能舂米、磨粉的状况，而是用机械代替人力，大大地提高工作效率。当时没有时间把想法付诸实践，而当他在朝做谒者仆射时，比较清闲，就利用这个机会研究粮食加工机械，经过不懈地钻研，终于成功制造了一种水碓磨。水碓磨制造完成后在乐游苑进行试验时，齐武帝曾亲自前往观看，虽然没有明确的史料记载当时的状况，但我们可以从中了解到祖冲之的这项发明在当时的影响力之大，同时也说明当时的政府对祖冲之这项创造的重视。

祖冲之制造的水碓磨以连机碓和水转连磨为基础，加以改进。他把水磨和水碓结合起来，不仅能同时舂米和磨粉，而且有些人还用水碓磨来榨油。这样的一种工具的发明，在当时社会生产力并不发达的情况下，是一项很有实际价值的创造。由于这种机械直接服务于农业生产，因此在有水利条件的地方都得到大力推广，为广大人民所应用，因为它的效率高，被一代又一代人渐渐流传下来。解放初期，我国南方有些农村还在使用这种生产工具。有些地方还加以改进，建成小型水电站，使它能适应现代农业生产的需要。经过一千多年的磨砺，它都没有褪去颜色，足以说明它的价值之高。祖冲之的一切创造都以人民的需要为根本，这样的举动和其背后所展现的价值观永远值得我们去效仿。

（三）设计千里船

随着社会的发展，物资交流、人员活动、对外贸易、战争等等，都要求改进交通和运输工具。需求量越来越多，不仅要求载重量要大，而且速度也要更快。

南朝地处江南，长江、珠江等大水系都在南朝境内，还有很多湖泊和漫长的海岸线，因此水上交通显得特别重要。当时南朝的海外贸易有所发展，造船技术也不断地得到改进。在这种客观条件下，祖冲之为适应实际生产的需要，着重研究水上交通工具。他经过反复调查和探讨，设计并制造了一种千里船。

千里船的类型、外观、构造原理等现已不可考，古代文献中只记载这样一句："又造千里船，于新亭江试之，日行百余里。"后代有学者认为千里船可能就是后来车船的雏形。中国古代用人力驱动运转的明轮船，也称轮船或车轮舸。在近代汽船问世前，人类船舶的推进，主要是仰仗风力和人力，前者用帆，后者用桨。在祖冲之以前的船多是以风力为动力。而祖冲之的这项发明很有可能就是变帆为桨，达到了"日行百余里"的效果。

千里船造好后，放在新亭江里试航。新亭江是现在长江经过南京的那一段，因三国时建筑的一个城垒"新亭"而得名，是重要的军事、交通要道。试航的结果，日行百余里，可见祖冲之设计之巧，船速之快。

继祖冲之后，唐代李皋制造的车船，用人力踏动快速前进。宋代的车船盛极一时，得到较大规模的推广和应用。直到 20 世纪初，中国南方还有少量车船。

祖冲之不仅注意水上交通工具，而且对陆上交通工具也有一定的研究和创造。他从各方面搜集材料，试制和改进前人的交通工具。

三国时蜀汉法家、政治家和军事家诸葛亮（181—234 年）为推行法治路

线，统一全国，对于军事、生产都采取过具体措施。蜀汉位于四川盆地，有丰富的物资，但四周多山，粮草运输十分困难。据《蒲元别传》记载，此时，诸葛亮手下的能工巧匠蒲元向其提出建议，诸葛亮采纳并亲自参与设计了一种“木牛”，用来运输粮草。其后为进一步解决运粮问题，诸葛亮又设计了一种四轮小车，称为“流马”。木牛流马原物早已失传，其构造原理在古代文献上也没有记载，《诸葛亮集》中的一段文字，应是可靠的资料：“木牛者，方腹曲头，一脚四足，头入领中，舌著于腹。载多而行少，宜可大用，不可小使；特行者数十里，群行者二十里也。曲者为牛头，双者为牛脚，横者为牛领，转者为牛足，覆者为牛背，方者为牛腹，垂者为牛舌，曲者为牛肋，刻者为牛齿，立者为牛角，细者为牛鞅，摄者为牛鞭轴。牛仰双辕，人行六尺，牛行四步。载一岁粮，日行二十里，而人不大劳。”这段记载，虽对木牛形象作了描绘，下文还对流马的部分尺寸作了记载，但因没有任何实物与图形存留后世，后人至今未能复其原貌，对其难以评说。

祖冲之从《三国志》中看到关于木牛流马的记载，经过长期研究，创制了一种陆上运输工具。这种工具的构造很巧妙，据古书上说，“以诸葛亮有木牛流马，乃造一器，不因风水，施机自运，不劳人力。”这个机器显然很好，不用风力和水力，能够“施机”（就是发动一种机构）自己运行。可惜祖冲之所造的运输器械并没有流传下来。

（四）计时器与攲器

祖冲之在机械仪器方面还有其他研究，制造过计时器——漏壶和警器——攲器。

古代天文学家从事天文观测需适当的仪器，计时器就是必备品之一。只有时间比较准确，观测所得到的结果才更可靠。南北朝时期的天文工作者对于计时器——漏壶的改进都很关注。何承天完成其《元嘉历》后便上书朝廷，建议重造漏壶以适应他的新历法。祖冲之及其子祖□都对漏壶进行过深入

的研究。

漏壶是古代利用滴水多寡来计量时间的一种仪器。漏壶按计时方法大体上可分为两种：一种是通过观测容器内的水漏泄情况来计量时间的，叫做泄水型漏壶；另一种是通过观测容器（底部无孔）内流入水增加情况来计量时间的，叫做受水型漏壶。我国古代的漏壶也称漏刻。最早的漏壶中立有一根标杆，称为箭。箭由一只箭舟托着，浮在水面上。水从壶中流出或流入壶中时，箭则下沉或上升，借以指示时刻。因此泄水型漏壶又叫做沉箭漏；受水型漏壶又叫做浮箭漏。这两种类型统称箭漏。

漏壶计时的原理如下：一般是有一个底部带小孔的斗子，里面盛水；斗子下面有一个桶，其中立一个很轻的“浮箭”，箭上有刻度。古代把一昼夜分为一百刻，浮箭上的刻度也就刻成一百个。用一个很细的管子和斗子底部的小孔连接，使斗子中的水一滴一滴地流到下面的桶里，由于桶里的水位增高，浮箭也就上升，便可以根据浮箭上的刻度判断时刻。浮箭上的一百刻又按一昼夜的十二个时辰划分为几段，用段的分点代表一些特殊时刻。对于这些特殊时刻，历代漏刻都有不同的安排。祖冲之等人与前人不同，对这些特殊时刻作了重新安排，“自关鼓至下鼓，自哺鼓至关鼓，皆十三刻，冬夏四时不异。”祖冲之、祖暅父子还写过一部《漏经》，不过现已失传。

祖冲之还研制过其他器物，现在知道的有“欹器”。欹器，又常被称作歌器。它是一种灌溉用的汲水罐器，是我国古代劳动人民在生产实践中创造出来的。

古代鲁国之君有一欹器。欹器有个特点：当它不盛一点水时，就只能欹斜地放着而无法端正地放置，把它扶正后，一放手它就又歪斜在一边，这就是所谓的“虚则欹”；往此容器中注入中等数量的水，就可将其端正地摆放在那里，

这就是“中则正”；但容器中水太多了，它又会自动向另一侧翻倒，把水都倒了出来，这就是所谓的“满则覆”。鲁国之君把这奇异的容器放在宗庙中作为“座右铭”，目的在于提醒自己，万事都要采取中庸之道，适可而止，切不可过分，慎防“满而覆”。孔子在弟子做过现场试验后发出这样的叹息：“恶有满而不覆者哉”，对任何时代的当政者都具有深意。

齐武帝的第二个儿子竟陵王萧子良非常好古，讲究儒道，却有些高傲自大，缺少实学。祖冲之为规劝其不要高傲自大，应谦逊恭谨，所以就做了一件欹器送给他。由此可见，祖冲之对各种机械都有深刻的研究。

五、音哲旁通的通才科学家

一个伟大的科学家，如果能得到“伟大”这个称谓，就不仅仅在科学这一个方面有着卓越的贡献，在其他方面也必然有着非凡的成就。祖冲之便是如此。由于中国历史上对于官员的特殊选拔机制，为政者也都是从学习经史开始。祖冲之不仅是伟大的科学家、发明家，而且对于哲学、文学、音乐等也有浓厚的兴趣和相当的造诣，给我们留下了宝贵的财富。

祖冲之晚年时，南齐腐败，政治昏暗，战火连天，民不聊生，社会处于一种极度混乱的情况，在这种情形下，祖冲之的研究方向有了很大变化，着重于研究文学和社会科学。希望能达到救国救民的目的。

祖冲之是士族家庭出身，从小受到严格的儒家教育。他聪明、勤奋、博览群书，对四书五经、孔孟经典、老庄哲学亦有过深入的研习与探究，他曾著《易老庄义释》《论语孝经注》等关于哲学的书籍，虽然著作都已散佚，但是对于确定儒学在当时社会的正统地位则是必不可少的。

祖冲之在文学方面的成就，有其深厚的家学渊源。他的曾祖父祖台之是一个文学爱好者，撰有小说《志怪》二卷流行于当世，祖冲之受其影响，对民间流传的神话志怪故事留意颇多。

当时的文学形式多种多样，三国时期的建安文学、南北朝时期以谢灵运为代表的山水田园诗、南朝的乐府、北朝的民歌都十分流行。小说虽然说在明清两代达到了顶峰，但是在南北朝的时候就已经有所发展。小说的形式要求不是

很严格，是在古代民间流传最广的文体之一，小说也能最直接地通过其中的故事情节来反映当时的社会状况，进而引起人们的共鸣。

祖冲之著有《述异记》十卷，很可惜的是这部小说也已失传，但是真实地折射了作者的价值取向以及当时的社会现象，为后人"以史为鉴"提供了一个最直接的平台。

音乐的发展是和古代社会生产力的发展分不开的，秦朝作为第一个统一中国的朝代，将"六国之乐"集中于咸阳宫中，大力提倡百戏与传统巫乐，并为此设立了专门机构"乐府"，以乐府为代表的汉代音乐就孕育成长在这个时代。东汉末期至三国魏晋之际，受"地理大交流"影响，龟兹（今新疆库车）、西凉（今甘肃武威）、疏勒（今新疆疏勒）、鲜卑等少数民族音乐和天竺（印度）等域外音乐在中原地区广泛流行。以相和歌为代表的汉族音乐与南方民歌"吴声""西曲"结合，形成了"清商乐"，南北音乐得到进一步的交融。

不同学科之间相互交流，促进了彼此的发展。这在音乐方面亦得到了印证。如三国时北方魏国的曹操是一位杰出的政治家，同时，他多才多艺，还是一位著名的诗人，又很喜爱和重视音乐。《三国志》注引《魏书》说他"登高必赋，及造新诗，被之管弦，皆成乐章"。同时为我们所熟知的世界著名科学家爱因斯坦，也是一位出色的小提琴家，在音乐方面很有造诣。

祖冲之这位通才，不仅在科学、哲学方面有着卓越的成就，在音律方面也有着自己的独特理解。祖冲之对于"钟律博塞"很有研究，"解钟律，博塞当时独绝，莫能对者"，达到当时最高水平。我国古代音阶的各个音叫做"律"，最初只有五个，叫五音或五律，以后发

展为七律、十二律。“律”有专名，又指选择构成音阶的各个音间的规律。辨别这些音律有一定的标准。古时有一种叫“黄钟律管”的专门工具，可以按照它的长短来校量音律。另外，黄钟律管还有校正度量衡的作用。祖冲之研究晋初铜尺，也和研究钟律有关。我国古代数学和音乐有密切关系，作为数学家的祖冲之，把二者很自然地联系在一起，为科学研究提供一种很好的方法论。祖冲之已经把知识融会贯通到相当高的境界。

六、科学事业的合作者和继承人——祖暅

祖暅，字景烁，历任太府卿等职，生卒年代不详。他生活在南齐和以后的梁朝，受其父亲祖冲之的影响，他从小就热爱科学，认真钻研，达到“究极精微”的地步，为他后来的科学工作打下了良好的基础。

祖冲之死后的第二年（502 年），掌握长江中游军政大权的萧衍，乘齐朝内乱之机起兵东下，夺取了帝位，改国号为梁。萧衍就是梁武帝，年号天监（后改为普通）。在他统治的四十多年中，南朝虽有一些平静时期，经济和文化多少也有所发展，但梁武帝伪善而残暴，为达到巩固自身统治的反动目的，极力宣扬“玄学”“各尽玄言之趣”。此外，梁武帝又屡次向北朝出兵伐魏，夺取淮河流域一带土地，给人民带来深重的灾难。

这样的时代，使科学研究工作阻碍重重。祖暅克服种种困难，在极端艰苦和危险的环境下进行科学实践，取得了非常杰出的成绩。

（一）天文观测与发现

祖暅的科学工作主要是在梁初进行的。早期的研究方向主要是天文学和数学。在他父亲死后，为了完成父亲的未竟之业，祖暅继续研究《大明历》，进行天文实测，并且先后于梁朝天监三年、八年、九年三次向梁政府推荐，终于被采纳。

注重实测是我国古代天文学家进行天文学研究的优良传统。梁朝初年，祖暅为了更准确地观测天体及其运动，不怕困难和危险，选择了嵩山（今河南登封北）作为临时观测站。此处离黄河很近。当时，南朝和北朝在东部地区大体上以黄河为界。换句话说，嵩山处于两朝边界线附近。

祖暅在嵩山上的临时观测站不分昼夜地进行

观测。他在观测站立一个八尺高的铜表（一根扁方形的铜板条），铜表下部和一个石圭垂直相连，石圭面上开凿一个小沟，沟内注入清水，用以定平，起水准器的作用。祖暅的这个仪器设备很简单，却很有影响，在《隋书》中不止一次地讲到了这件事。

祖暅用这种简单的设备，来观测日影的长短，从而测定纬度和子午线的方位。又用它测地中。祖暅的方法也是先立一表叫做“南表”，等到中午时刻在表影之末再立一表称为“中表”。如果时间准确，那么南表和中表就指向南北。他试图通过北极星来校正南北方向。夜间，他通过中表去望北极星，于中表之北再立一“北表”，使中表、北表上的相应的点与北极星正好在一条直线上。次日中午再根据三表的日影是否在一条直线上来判断南表和中表的方向是否正好指向南北。他通过多次观测与研究，最后得出了北极星与北天极（不动处）相差“一度有余”的结论。这一重大发现从此在科学上打破了北极星就是天球北极的错误观点。北极星本来就不在天球北极而且由于岁差和章动的原因，北极星的位置时时都在变化，只是人们在短时间内不易察觉而已。

由于天文学研究的需要，中国古代天文学家都关注漏刻的研究。祖冲之父子都研究过漏刻，祖暅在这方面做的工作较多。梁天监六年（507年），因当时所用旧漏刻不准确，梁武帝命祖暅重新制造。祖暅制造完成后把过程原理写入《漏刻经》。《漏刻经》有一卷，现已失传。

除《漏刻经》外，祖暅还曾编有《天文录》三十卷、《天文录经要诀》一卷，这两部书也已经失传了。

（二）数学上的成就

祖暅和他父亲一样，在当时是很有名的数学家，北齐的颜之推就说：“算术亦是六艺要事……江南此学殊少，唯范阳祖暅精之。”

《九章算术》“少广”章载有“开立圆术”一则，是已知球的体积反求其直径的问题。原文是这样的：“置积尺数，以十六乘之，九而一，所得开立方除之，即圆径。”通过这一公式计算，球体体积的计算误差太大，较正确的公式大$\frac{1}{6}$。

《九章算术》中的不精确公式首先被张衡发现，他研究了一番，没能解决问题。三国时刘徽也发现了这个问题，并且花了很大精力去研究。他创造了一个独特的立体几何图形，希望用这个图形以求出球体体积公式，称之为“牟合方盖”。所谓“牟合方盖”是当用圆规从一正立方体的纵横两侧面作内切圆柱体时，两圆柱体的公共部分。刘徽在他的注中对“牟合方盖”有以下的描述：

“取立方棋八枚，皆令立方一寸，积之为立方二寸。规之为圆囷，径二寸，高二寸。又复横因之，则其形有似牟合方盖矣。八棋皆似阳马，圆然也。按：合盖者，方率也，丸居其中，即圆率也。”

刘徽经过多番努力也没有达到目的，求出$V=\frac{n}{4}V_{牟}$，但$V_{牟}$无法求出，只好留待有能之士图谋解决的方法：“观立方之内，合盖之外，虽衰杀有渐，而多少不掩。判合总结，方圆相缠，浓纤诡互，不可等正。欲陋形措意，惧失正理。敢不阙疑，以俟能言者。”

二百余年后，祖冲之父子沿着刘徽开辟的道路解决了这一难题。他们先用八个边长为 r 的正立方体组成一个大正立方体，然后用制作“牟合方盖”的方法把这个大正立方体分割，再取其中一个小正立方体作分析。考虑这个小立方体的横切面，与截得这部分牟合方盖的面积差是一个折角矩形，通过计算发现在高 h 处的截面面积正好是 h^2，对于所有的 h 来说，这个结果也是不变的。祖氏父子便由此出发，他们取一个底部每边之长和高都等于 r 的方锥，倒过来立着，与其进行比较。设由方锥顶点至方锥截面的高度为 h，不难发现对

于任何的h，方锥截面面积也必为h^2。换句话说，虽然形状不同，但因它们的体积都可以用截面面积和高度来计算，而在等高处的截面面积总是相等的，所以它们的体积也必然相等。随之，球体体积亦迎刃而解。

由此，祖暅提出了著名的原理：“幂势既同，则积不容异。”其中“势”是高，“幂”是面积。这条原理用现代的话来说便是：两个高相等的立体在任意等高处的平截口的面积相等，则它们的体积不能两样。这一原理主要应用于计算一些复杂几何体的体积上面。

球体体积计算的最后解决，是我国数学史上一件重要事情，它不仅有力地说明了我国人民有能力从理论上独立解决实践中提出的数学问题，而且表现出方法的独特性。他们所提出的祖暅原理具有世界意义。在西方，直到17世纪，意大利数学家卡发雷利才于1635年出版的《连续不可分几何》中，提出了等积原理，所以西方人把它称之为“卡发雷利原理”。其实，他的发现要比我国的祖暅晚一千一百多年。

（三）晚年的挫折

晚年时期，由于祖暅对建筑和土木工程的涉猎，被梁朝任命为掌管官府中的工匠和建筑工程的材官将军。天监十三年（514年），梁武帝从徐州和扬州征

丁，与民工、工匠和士兵合计达二十余万人，修筑所谓浮山堰（在今安徽省凤阳县东北），企图壅塞住淮水，灌没被北魏占领的寿阳城。祖暅等奉命参与筑堰工程，经现场勘察认为淮河里的沙土疏松，不适合筑堰。梁武帝置若罔闻，不顾劳动人民的死活，命令将上万斤铁器沉于水底，依旧不行，又命令用木料叠成框，中间以大石块填充，其上再堆泥土。这使得负责挑石块与木料的工人肩膀溃烂。次年，由于传染病的爆发加上天气骤冷使工人死亡无数，尸横遍野，付出了巨大的代价。在这种情况下，耗时一年半的浮山堰总算筑成了。梁朝的军队移驻在这条长九里、阔一百四十丈、高二十丈的大堰上。寿阳城果然被冲毁了。而后，天监十五年（516 年）秋，连降大雨，洪水泛滥，浮山堰崩溃，大水吞没了梁朝沿淮水的城镇和乡村，数十万人送命，无家可归者更甚。这个罪责本应由梁武帝承担，但作为统治者的他却归罪于浮山堰的施工负责人员，祖暅便因此被判入狱。虽然祖暅满腹委屈，但在当时的政治、社会中这也是无可奈何的事情。

祖暅刑满出狱后，投奔梁武帝的儿子豫章王萧综。梁普通六年（525 年），萧综在彭城（今江苏省徐州市）叛梁降魏，祖暅作为俘虏被囚于北魏重要官吏元延明家中。北魏科学家信都芳很欣赏祖暅的才华，以礼相待，并且借机向祖暅学习，元延明也请祖暅作《欹器漏刻铭》。次年（526 年），祖暅被送回南朝。

接连的打击与挫折，使得祖暅很难静下心来从事科学研究。当时，梁朝有人研究目录学，由于不懂科学，遂请祖暅另外编写，“其术数之书，更为一部……祖暅撰其名。故梁有《五部目录》。”目录学家阮孝绪亦曾提及此事。祖暅自己也著有《天文录》和《天文录经要诀》等有关术数方面的书，可惜都早已失传。

祖暅的儿子祖皓也精通天文和数学，而且能文能武。梁武帝末年，任广陵郡（今江苏省江都县）太守。当时北朝降将侯景又背叛梁朝，起兵攻破建康。祖皓组织反抗，被侯景军打败。侯景用“车裂”酷刑将祖皓杀害。科学世家范阳祖氏到此中断。但是祖氏三代人对于中国天文和数学发展有着不可磨灭的贡献，不仅是我国历史上杰出的科学家，而且在世界科学发展史上也有着重要的地位。虽然他们在研究过程中受到一些挫折，但是他们不畏艰难、勇于探索、坚持不懈的精神永远值得我们去学习，这更是他们留给华夏儿女的最宝贵的财富。

笔著华夏——郦道元

生活于南北朝时期的郦道元是我国古代地理学巨擘之一，是当时“世界地理学的先导”和“中世纪最著名的地理学家”。他的著作《水经注》以全范围水道为纲，涵盖众多学科的内容、思想、研究方法，成功架起各学科之间沟通的桥梁，是当时中国乃至世界最杰出的地理著作。在本书中，让我们通过对郦道元生平及其著作的研究，走近这样一位疾恶如仇、治学严谨的杰出学者。

一、郦道元生活的时代背景

（一）民族融合的大时代

早在春秋战国以前，汉族就已经成为一个文化发达的农耕民族，他们居住在华北的大部分地区。在这个地区以北的广大草原上，居住着许多游牧民族。游牧民族逐水草而居，短兵轻骑，行动迅速，常常袭击定居农耕、行动迟缓的农耕民族。因此，从春秋列国开始，汉族就营造了许多长城，秦始皇又把这些长城连接起来，于是，长城就成了农耕民族与游牧民族之间的界线。在这条界线上，民族之间不断地战争、反抗、融合。战国时代，赵武灵王胡服骑射，就是民族融合的一种形式；之后，汉与匈奴之间的不断和亲，则是民族融合的另一种形式。汉族的力量毕竟相当强大，游牧民族虽然经常侵扰，却始终无法深入华北内地。同样，汉族虽也屡次进军草原，如汉朝的卫青、霍去病等，并且曾长驱直入，但在达到一定目的后，就立刻引军南还。因此，双方的战争并不持久，融合的规模也不大。这种情况到了晋朝才开始改变。

西晋末年，发生了历史上称为“八王之乱”的西晋王室的内讧。汉族对北方游牧民族的防御力量削弱，匈奴、鲜卑、羯、氐、羌等原居草原的游牧民族相继进入中原。这就是历史上所谓的“五胡乱华”。各族统治者纷纷割地称雄，相互攻伐不已。这种局面持续时间长达百年之久，整个北部中国陷入了“千里无烟”“苍生殄灭”“城邑丘墟”的悲境之中。这一时期北方的政权就像走马灯似的不断更替，先后大约出现过十六个政权，历史上称之为十六国时期。晋

朝被迫退居江南，称东晋，形成了十六国与东晋南北对峙的局面，直到 420 年刘裕篡夺东晋帝位建立宋为止。

刘宋是地处江南的南朝的第一个朝代。与此同时，北方的十六国，也先后为力量最大的拓跋魏所统一，这就形成了地处华北的北朝。北魏是北朝的第一个朝代。这样，中国王朝更迭的历史，就从东晋、十六国时代，进入南北朝时期。南北朝经历了一百六十多年，直到隋统一全国才结束。这是一个全国分裂、相互混战、干戈扰攘、生灵涂炭的时代，但同时中国的许多民族相互接触、交流、融合，也是一个民族大融合的时代。

（二）北魏的兴衰

北魏是鲜卑族的一支，原是流徙在今蒙古高原南北及兴安岭南北一带的一个较大的游牧部落。在两晋南北朝时，鲜卑族有慕容、乞伏、秃发、宇文、拓跋等部落，先后建立政权，如慕容氏建立的前燕、西燕、后燕，乞伏氏建立的西秦，秃发氏建立的南凉以及宇文氏建立的北周等等。其中以拓跋氏建立的北魏版图最大，国势最盛。

拓跋鲜卑到拓跋郁律（太祖平文帝）任部落酋长时，移居到东木根山（今内蒙古自治区集宁市东北）。之后，另一个部落酋长拓跋什翼犍（昭成帝）营建了他们的首都盛乐（今内蒙古自治区和林格尔以北）。到了道武皇帝拓跋珪时，已是 4 世纪的后期，才迁都平城（今山西大同市郊东北）。数次的迁都，使部落在不断南迁的过程中，与汉族的接触越来越多，受汉族的影响，使得这个游牧部落逐渐定居下来，并且改变他们的生产和生活方式，从游牧向农耕过渡。拓跋珪

做了二十三年皇帝，国家安定，生产逐渐发展，为北魏的不断强大奠定了基础。

拓跋珪死后，明元帝拓跋嗣即位。他在位十五年，后期江南已经由刘宋取代了东晋，南北朝的形势正式形成。之后，北魏史上雄才大略的太武帝拓跋焘即位。他在位的二十八年中，文治武功，都很可观，使北魏进一步走向繁荣昌盛。武功方面，他东征西讨，不断扩张领土。东晋以来的十六国的领土，大都入了他的版图。此外，他北御柔然族（东胡族一支）入侵，南征刘宋，攻占洛阳和虎牢（今河南荥阳西北汜水镇），并且亲率大军，长驱直入，进军到长江北岸的瓜步（今江苏六合县），使刘宋首都建康（今南京）惶恐万分。而他在大集群臣后，却下令班师，浩浩荡荡地返回北方。当时，西域诸国如龟兹、疏勒、乌孙、鄯善、焉耆、车师、粟特等都向北魏进贡，高句丽、波斯等国，也都遣使修好。武功之盛，声威之远，由此可见。

拓跋焘在文治方面也有出色的成绩。他任用了一批贤能廉洁的官吏，如侍中古弼、张黎、中书侍郎高允、司空崔浩、司徒长孙道生等，其中许多是汉族知识分子。拓跋焘为北魏扩展了广袤的版图，积聚了强大的实力。而在这个过程中，拓跋魏与汉族杂处，相互融合，逐渐失去了他们原来的民族特点，完成了从游牧部落到农耕民族的过渡。

拓跋焘去世，在经过了文成帝拓跋濬和献文帝拓跋弘两个为时短暂的皇帝以后，到了北魏延兴元年（471 年），北魏历史上另一位有雄才大略的著名皇帝孝文帝拓跋宏即位。他登基的时候只有 5 岁，先由太后临朝称制。太和十四年（490 年），太后去世，拓跋宏就于次年亲政，当时年仅二十余岁。他亲政以后，励精图治，大力革新，广泛推行汉族的礼仪和习俗。他毅然废除部族遗留的发辫制，改行汉族束发为髻的形式。并且被服冠冕，一遵汉族体制。他又竭力推行汉族流行的所谓三代成法，开始祭尧、舜、禹、周公等汉族所崇敬的人物。谥孔子为“文圣尼父”，并在中书省悬设孔子像，亲自前往拜祭。南征还都后，

他还在首都设立国子太学和四门小学，又遴选了几位耆老长者，把他们封为国老庶老。同时在国内普求古代遗书，按汉族体制制礼作乐，并按汉族通行的标准，修正度量衡制度。

除此以外，拓跋宏还实现了北魏首都的再次南迁。北魏自从道武帝拓跋珪把首都从盛乐迁到平城以后到拓跋宏迁都以前，平城已建都达一百年。平城是汉初就存在的古老都邑，经过百年的建设，正如郦道元在《水经注》中所记载的，已经是个初具规模的国都了。但随着北魏版图的扩张，地理位置偏僻的平城已经很难适应幅员广阔、实力雄厚的北朝大国的需要。而此时，满朝王公大臣，都已和这个城市有了千丝万缕的关系，迁都牵涉到一个庞大的既得利益集团的切身利害关系。所以迁都主张遭到满朝官员的反对。拓跋宏设计说服满朝文武百官及倒退势力，终于在太和十八年（494 年）底把首都从平城迁到中原古都洛阳，同年正式下诏："禁士民胡服。"

太和二十年，拓跋宏宣布改变民族的姓氏，把鲜卑语的"拓跋"，改为汉语的"元"。从此，拓跋魏就称为元魏，拓跋宏也改为元宏。这是他"变夷为夏"的一种最坚决的措施，也是民族融合的一种最具体的证明。北魏至此已经达到了全盘的汉化。而其他在这一段时期进入华北的游牧民族也都或早或晚地发展着这种民族融合的过程。

迁都以后，雄心勃勃的拓跋宏调集三十万大军，亲自统率，向寿阳（今安徽寿县）一带进军。军事上虽然取得了不少胜利，但由于朝廷内部出现了以穆泰为首的保守势力的反叛，加上宫闱之中又发生了后妃淫乱的家丑，使拓跋宏心力交瘁，竟于太和二十三年（499 年），病死于谷塘源行军途中。

元宏之死，使北魏的

局势急转直下。在军事上，多年来的优势迅速消失。宣武帝正始四年（507 年），与南梁在淮水的一次战争中，适逢淮水暴涨，梁用小船火攻，使魏军蒙受了伏尸四十里、被掳五万人的惨败。北部边疆的所谓六镇，也先后发生叛乱，使北魏处于腹背受敌的困境之中。在内政上，昏庸淫逸的胡太后于孝明帝熙平元年（516 年）临朝，朝政腐败，日甚一日，终至不可收拾。强盛一时的北魏终于在梁中大通六年（534 年）分裂为西魏和东魏，最后相继灭亡。

（三）地理创作的温床

郦道元是一位出身于官宦家庭的北魏王朝的官员。他在南北朝这个干戈扰攘的时代里为官终身，毕生戎马，所以绝不是一个闭门读书、专心著述的人。但他居然写出了《水经注》这样一部不朽的地理名著。述及原因，则不能不提南北朝时期民族融合所带来的地理大迁徙。

南北朝战争频仍，民族融合的时代背景，牵涉到广大人群在自然地理环境和人文地理环境上的深刻变异。为了躲避战乱，出现了中国历史上的第一个迁徙高潮。居住在华北和中原地区的人民（以汉族为主）大量向周围地区迁移，其中以向南迁移居多。他们放弃了世代定居的干旱缺水的小麦杂粮区，迁移到低洼潮湿的江南鱼米之乡。当时长江以南地区的经济发展水平远远不能与北方相比，大量北方农民的迁移使汉族与南方少数民族相融合，促进了南方经济的发展，特别是长江中下游地区，到南朝时已经相当富庶。一少部分人民迁到河西走廊、辽东等地，与那里的少数民族一起开发边疆。而大批生活在北方草原的游牧民族，此时也跨过万里长城，相继进入华北和中原，从在广袤无垠的大草原逐水草而居的游牧生活方式转变为日出而作、日落而息的农耕生活。游牧民族虽落后于汉族的经济发展，但是相比之下思路更开阔，敢于接纳新鲜事物，

富于创新意识。北方汉族吸收接纳了游牧民族的许多优秀文化内涵，更加勇于开拓进取。

如此规模的民族大迁徙，加速了民族融合，也极大地开阔了各族人民的眼界。这使得北方及南方的庞大人群，都面临着新的自然地理环境和人文地理环境。新、旧地理环境构成了他们现实生活和思想上的强烈对比，空前地扩大了他们的眼界和丰富了他们的地理知识。两地的风俗习惯逐渐交融在一起，其后代也从他们的父辈那里继承了有关两地的风土人情。这为许多地理学家提供了直接或间接的地理实践机会。资料和实践是地理研究的两大要素。与早期的地理著作包含了大量的假设和想象，缺乏亲身实践经验不同，这时的地理学家和地理著作，不仅在地理资料上左右逢源，其中多数都直接或间接地参加地理大交流，反映了大量的实践结果，这是前代的地理学者和地理著作无法比拟的。

魏晋南北朝时期地理书数量很多，据《隋书》卷三三《经籍志》二史部地理类载，南朝陆澄曾编《地理书》一百四十九卷，注云："合《山海经》以来一百六十家以为此书。"陆澄书虽早已不存，但我们知道战国秦汉地理著作很少，所以"一百六十家"中绝大多数都是出自魏晋南北朝。陆澄搜集的地理书还不全，刘知几说："地理为书，陆澄集而难尽。"以后任昉又编《地记》，"增陆澄之书八十四家"。二书合计达二百四十四家。可见这一时期数量之多。从书名看，《隋志》所载地理书可以粗略地划分为以下几类。山水类，如《山

海经》《水经》《衡山记》《游名山志》；都城类，如《洛阳记》《邺中记》；地名类，如《春秋土地名》《古来国名》《九州郡县名》；宗教类，如《佛国记》《洛阳伽蓝记》《京师寺塔记》；少数民族类，如《诸蕃风俗记》《突厥所出风俗事》；从征记，如《西征记》《宋武北征记》；总志类，如《十三州志》《大魏诸州记》《隋区宇图志》《隋诸郡土俗物产》；州郡地志，如《吴郡记》《南徐州记》《南州异物志》《三巴记》《司州记》。地理书种类繁多，令人眼花缭乱。正是这样一大批种类繁多的地理书，成为了这一时期的时代特色。

当时人们的地理学思想在其他非地理作品中也有体现。如著名的《敕勒歌》："敕勒川，阴山下，天似穹庐，笼盖四野。天苍苍，野茫茫，风吹草低见牛羊。"用真切生动的笔触描述了北方草原的自然风光，不是身临其境是写不出这样的诗篇的。

这个时代所有知识丰富的地理学家中，最杰出的，无疑就是北魏的郦道元，而他所撰写的《水经注》，正是这个时代地理著作中的上乘之作。《水经注》一书中记载了他在野外考察中取得的大量成果，这就表明郦道元同其他地理学者一样，有大量的实践经验。《水经注》的记载遍及全国，但当时南北分治，郦道元从未踏足南方，于是他广泛收集他人地理著作作为间接的实践资料。郦道元在《水经注》中引述他人的著述就近五百种。这些都是同一时期地理学家的著作。郦道元能取得如此高的造诣，有一部分原因是这个时代造就了他的地理学思想和实践经验，成为他地理创作的温床。

二、郦道元的生平简史

（一）郦氏家世

郦道元所在的郦氏家族，是西汉大将军郦商的后代，世居华北。在北方游牧民族大量南迁的时候，郦氏家族没有迁往他乡，而是继续留居华北，并且服务于少数民族政权机构。在魏晋相争之际，郦道元的曾祖父郦绍正担任鲜卑慕容氏后燕国的濮阳郡（位于今河南省濮阳县西南）太守。后燕国亡以后，郦绍率郡投降了北魏。北魏重视汉族知识分子、官僚士大夫，吸收其参与到北魏的各级行政机构中去，投降北魏的大批汉族士大夫都被授予了一定的官职。由于郦绍原在的濮阳郡属于兖州（今山东省郓城县西北）管辖，因而他被就近任命为兖州监军。北魏沿袭了汉晋以来以州统郡，以郡统县的三级地方统治机构。州是地方行政机构中最高的一级。监军的职权是稽核本州官军的功过，以呈请王朝给以赏罚。虽然不掌军政实权，但是职位却是不低的。

随着北魏疆域的逐渐扩展，郦道元的祖父郦嵩也被派到了秦州治下的天水郡（今甘肃省天水市西北）任太守。太守是一郡的最高行政长官，对当地有实际的统治权力。

此时，郦氏家族虽已在北魏王朝任职，但都为地方官职，真正走入北魏中央集权的是郦道元的父亲郦范。

郦范，字世则，北魏世祖太武皇帝拓跋焘时任给事东宫。这是一个侍候太子和教育太子的官职，这样的职位交给汉族的知识分子，表明了北魏统治者“变夷为夏”的既定政策，也说明郦氏家族受到北魏王朝的高度信任。高宗景穆帝即位后，“追录先朝旧勋，赐爵永宁男”。文成帝时，他以治礼郎的身份

奉迎太武帝和景穆帝的神主（即牌位），将其供于太庙之中。只有德高望重的贵族和功臣才有资格参与奉迎皇室祖宗的神位这样重大的礼仪活动。这对郦范来说极为荣耀。郦范被晋升为子爵。郦氏家族终于跻身于北魏王朝的上层集团。

文成帝在位十四年后去世，长子献文帝拓跋弘继位。此时，北魏政权日趋稳固，版图日益扩展，并与南朝的刘宋王朝接壤。双方在边境上不断交战。467年，北魏命征南大将军慕容白曜领兵大举进攻刘宋的青州和冀州，郦范被任命为征南大将军府的左司马。左司马是军府中的高级僚属，其职权是参与制订军事行动计划和综理军府事务。魏军进攻刘宋的无盐城（今山东省东平县东）时，刘彧戍主申纂顽强地凭城固守。北魏部将认为准备不充分，不能冒进。郦范则认为，我军轻军远袭，深入敌境，不宜久滞，机会稍纵即逝，他向慕容白曜建议，先引军伪退，摆出不打算攻城的态势，然后再伺机而动。慕容白曜采纳了郦范的建议。不出所料，城中守军果然懈怠。魏军拂晓时分兵临城下，发起进攻，占领无盐，擒杀宋守将、东平太守申纂。破城后，慕容白曜欲将无盐人全部作为战俘押回国都平城，郦范又及时劝止。他指出，青州和冀州地域广大，刚攻下一个城邑就要把城里的人都作为战俘押走，恐怕其他城邑的人听说后会激烈地抵抗魏军。现在不如将他们统统释放，以表北魏王朝的宽怀绥靖，这样，可以减少以后攻城的阻力。慕容白曜听取劝告，在进攻肥城（今山东省肥城县附近）时，向城内射了几封告喻飞书，肥城守军果然弃城而逃，取得不战而屈人之兵的结果，并且获粟三十万斛以资军需。在进攻冀州治所历城（今山东省济南市附近）和青州治所东阳城（今山东省益都县东）时，慕容白曜又采纳了郦范围而不打的建议，先扫清外围，然后切断两城与外界的一切联系，等待其自毙。两城宋军疲惫不堪，但又不得不时时处于戒备状态，以至甲胄里生了虮虱。此时，魏军才直逼城下，而腐败的刘宋政权竟然不发一个援兵，历城、东阳城终于均被魏军攻破。北魏夺得了刘宋原有的冀、青两州之地。

为了表彰郦范在冀青之役中的谋划献策之功，擢郦范任青州刺史，此为青州的最高行政长官。不久被召入京，任尚书右丞，加号冠军将军，并进爵为侯爵。尚书省是北魏中央执行政务的总机构，右丞为尚书省的主要官佐，在当时是十分显要的官职。

476年，郦范再次出任青州刺史，拜为平东将军，晋封假范阳公，这是外姓功臣所能获得的最高爵位——公爵。郦范在青州任职十余年，其间镇将元伊利向朝廷诬告郦范“交通外贼”。此罪名意为私通南朝，阴谋叛敌，罪至灭族。幸而，当时在位的孝文帝是北魏历史上有名的明君，他给郦范下诏，说明元伊利诬陷他之事，并表明已查清是非，元伊利也受到应有的惩罚，望其不必忧虑。虽然如此，事隔不久郦范还是被召还了京师。回京后，郦范由于横遭诬陷，心情抑郁，不到一年就病逝了，终年62岁。

郦范在北魏王朝为官长达五十年，经历了五位君主，从一个没有爵位的给事东宫，成为北魏王朝的重臣之一。他平步青云的为官道路，反映了汉族知识分子在北魏朝廷中的重要地位。实际上这也是民族融合的真实体现。

郦氏就是这样一个在北魏王朝激烈的内外政治斗争中逐渐兴起的汉族士大夫家族。这样一个家族，既为郦道元在政治上的发展铺平了道路，又为他研究学问提供了良好的客观条件和环境。

（二）故乡与童年

郦道元（？—527年），字善长，范阳涿州人。关于郦道元的生年，大批学者发表过不同的意见。如清杨守敬在其著作《水经注疏》中论及郦道元生年时认为是太和九年（485年）；丁山的《郦学考序目》认为是皇兴元年（467年）；赵贞信《郦道元生卒年考》认为是和平六年（465年）或延兴二年（472年）；段熙仲认为是皇兴三年（469年）；陈桥驿则与赵贞信的观点相同，认为是延兴二年（472年）等等。这些学者对郦道元生年的推算大抵依据有三："余总角之年，侍节东州"（《水经注·巨洋水注》）；"余生长东齐，极游其下"（《水经注·淄水注》）；"魏太和中，此水复竭，辍流积年。先公除州，即任未期，是水复通"（同上）。但现在还没有一个统一的定论。

郦道元家乡被称为郦亭，是一个自然风景十分优美的地方。郦道元在《水经·巨马水注》中特别写了一段文字描述他的家乡："巨马水又东，郦亭沟水注之，水上承督亢沟水于迺县东，东南流，历紫渊东。余六世祖乐浪府君，自涿之先贤乡爰宅其阴。西带巨川，东翼兹水，枝流津通，缠络墟圃，匪直田园之赡可怀，信为游神之胜处也。"

家乡优美的自然风景，陶冶了幼年的郦道元，他日后所表现的那种热爱自然、热爱祖国河山的丰富感情，和上述《巨马水注》中所表达的热爱自己家乡的感情，是完全一致的。

"自古燕赵出慷慨悲歌之士"所指正是郦道元的故乡一带。郦亭东不远的楼桑里便是三国时期蜀国开国君主刘备的故里；黄金台是距郦亭不远的又一处古迹，它记载着战国时燕国昭王敬贤礼士的事迹；郦亭附近的易水岸边是当年荆轲辞别燕太子丹的地点。刘备、燕昭王和荆轲等英雄形象同这片灵秀的水土一样孕育着

郦道元刚强坚毅的性格，为他后来能够在事业上胸怀壮志、执著地追求真理，在政治上廉洁奉公、疾恶如仇打下了良好的思想基础。

476年，郦范第二次出任青州刺史。此时两国战争渐渐平息，郦道元随父移居青州，在此地生活了十多年。这一时期和平的政治环境，安定富裕的家庭生活为郦道元提供了一个读书学习的良好条件，研读经史和探访古迹成了郦道元的两大嗜好。

郦道元从少年时代起，就对地理考察、探访古迹有浓厚的兴趣。他们居住的青州地处山东半岛的中部，这里背山面海，山清水秀，景色宜人。优美的环境陶冶了郦道元的性情，吸引着他去探寻大自然的妙景。齐鲁地区是我国古代文化的发祥地之一，集聚了太多的名胜古迹。郦道元走访了春秋五霸之一齐桓公冢；缅怀过稷下之学的文化之都；瞻仰了孔子的墓茔；游览了“飞瀑流泉”的名胜等等，这些文化遗迹所代表的精神文明让出身于汉族士大夫家庭，从小深受封建文化熏陶的郦道元产生了共鸣，他将其写进了地理名著《水经注》当中。郦道元每到一处，除参观名胜古迹外，还用心勘察水流地势，了解沿岸地理、地貌、土壤、气候，人民的生产生活，地域的变迁等，这使他逐渐积累了丰富的地理学知识，为他以后的创作打下了坚实的基础。

（三）出仕与北巡

由于构陷事件，郦范一家应召回京。次年，郦范去世，其长子郦道元继承

爵位，被封为永宁伯。太和十八年（494年），郦道元初入仕途，随帝北巡，时任尚书郎。《水经·河水注》中记载：“余以太和十八年，从高祖北巡，届于阴山之讲武台，……余以太和中为尚书郎，从高祖北巡，亲所径涉。”

由于记载郦道元生平的史料少之又少，我们仅能从其著作《水经注》进行推断。尚书郎是一种职位低微的小官，在《魏书·官氏志》中还排不上位置，因此我们推断他此时初入官场，于平城出仕。

此时正是北魏最强盛之时，孝文帝励精图治，大刀阔斧进行改革，国势蒸蒸日上。而南朝则处于篡夺频仍，国势凌夷的时候，拓跋宏积极准备南征以一统江山，在挥师南下之前，为了巩固北方的防务，因而于太和十八年亲自出巡六镇，直到阴山一带。

六镇是北魏时期为防备北方地区以柔然为主的游牧民族对边境州郡的袭扰而设立的军事建制。北魏世祖太武帝拓跋焘打败柔然之后，在漠南地区安置了许多投降的民众。由于北方地区经常受到柔然等族侵扰，所以，在“东至濡源，西及五原阴山”的数千里边境线上兴建了军镇和戍堡。这六镇从西至东分别为沃野镇（今内蒙古乌拉特前旗）、怀朔镇（今内蒙古固阳西南）、武川镇（今内蒙古武川西南）、抚冥镇（今内蒙古四王子旗东南）、柔玄镇（今内蒙古兴和西北）及怀荒镇（今河北张北县）。有相当一部分主力军队，集中在这六个军事重镇中。军镇的职官以军职为主，大体每镇设有大将，级别与刺史相当，其下设有副将、监军、司马等。各镇的镇都大将，多为拓跋宗王、鲜卑八族王公、拓跋氏族成员或中原强宗子弟。普通戍守士兵，亦有发配边疆的罪犯。

鉴于六镇重要的军事地位，孝文帝于太和十八年北巡六镇，郦道元以尚书郎的身份随侍左右，这使郦道元有机会亲自考察北部边疆的地理状况和风土人情，对其有了更进一步的认识。如《水经》中有这样一段记载：“又东过云中桢陵县南，又东过沙南县北，从县东屈南，过沙陵县西。”经过实地考察，郦道

元发现这段记载有误。实际应是："河水南入桢陵县西北，缘胡山，历沙南县东北，两山二县之间而出。"郦道元不仅纠正了《水经》中的错误，且说明了来源出处，历史考据，较之更为具体详细。

北巡结束后，孝文帝积极进行迁都事宜。北魏国都平城地处边塞，距中原较远，且中间有崇山峻岭相阻隔，交通极不便利，而且"六月雨雪，风沙常起"。孝文帝拓拔宏决心改革，锐意汉化，认为平城"乃用武之地，非可文治"，必须迁都到中原汉文化集中地洛阳。但他深知，此事不可操之过急，否则"北人习常恋故，必将惊扰"。果然，南迁计划受到了多数贵族的强烈反对。尚书于粟的话其实是代表了整个既得利益集团的，他说："臣非为代地（按指平城）为胜伊洛（按指洛阳）之美也。但自先帝以来，久居此地，百姓安之，一旦南迁，众情不乐。"但拓跋宏的态度却十分坚决，说："吾方经营天下，有志混一，卿等儒生，不知大计。"为了达成目的，孝文帝精心制定这样一个策略，假南征之名，行迁都之实。一直以来，北魏南征刘宋屡遭挫折，导致北魏君臣闻南征色变。但是孝文帝拓跋宏知道，南征开拓疆土，名正言顺，臣民不敢公然反抗；若要迁都促进汉化，那些根基甚深的既得利益集团以及倒退势力必将颇多阻碍，力争到底。可是他们畏南征更甚于畏迁都，因此，孝文帝以南征为饵，实则以迁都为目的。果然，孝文帝提出南征南齐时，"群臣莫敢言"，唯任城王

拓跋澄力执异议。事后，孝文帝召澄入宫，推心置腹，坦陈初衷，得到澄的支持。太和十七年（493 年）七月，孝文帝率群臣及步骑三十万从平城出发南征，九月到达洛阳。当时“霖雨不止”，继续南征，北人不适气候，必取败亡，但孝文帝仍着戎装，乘马出城，于是群臣恐慌，大臣纷纷进言：“今者之举，天下所不愿！”孝文帝佯怒表示：“敢谏者斩！”等到定安王拓跋休等泣谏，孝文帝才道出真正目的：“如不南征，当迁都于此，王公以为何如?”于是群臣皆呼万岁，赞同后者，迁都之计始定。

迁都洛阳也开阔了郦道元的眼界，使其对中原地区能够亲自考察，掌握更多各地地理情况的原始资料。

北巡结束两个月后，494 年 10 月，北魏国都正式从平城迁到了洛阳。

洛阳地处中原地区的中部，景色秀丽，历史悠久，是我国著名的文化古城。迁都后，为了巩固对于新的政治中心地区的统治，孝文帝一方面命大臣李冲、穆亮和董爵等人重新规划和扩建新都洛阳；另一方面，又在迁都三年以后，对黄河中游地区作了一次广泛的巡视，以期加强洛阳与旧部平城的联系和规划洛阳及其周围地区的水利设施。这次巡视，郦道元也有幸参与。

此次巡视，郦道元考察了吕梁山区和离石城西的一段黄河，勘察了平阳城附近的汾水和绛水流域及沿岸地形，游历了黄河的龙门渡口、茅津渡口、三门峡谷等等。他把这些统统写进了《水经注》中。

之后，郦道元的职务频繁变动，他的仕途虽不如其父那样坦荡，但凭着自己的能力也有多次升迁。从太尉掾开始，他历任治书侍御史、冀州镇东府长史、颍川以及鲁阳等郡守、东荆州刺史、河南尹、黄门侍郎、侍中兼摄行台尚书、御史中尉等职。后几项官职如河南尹、御史中尉等都是三品官，已经属于高级官吏了。他在山西、河南、河北等地做官时，经常乘工作之便和公余之暇，留意进行实地的地理考察和调查。黄河南岸、华北平原、阴山脚下、大青山麓、太行山区、秦岭谷地……到处都有他的足迹。凡是

他走到的地方，他都尽力搜集当地有关的地理著作和地图，并根据图籍提供的情况，考察各地河流干道和支流的分布，以及河流流经地区的地理风貌。他或跋涉郊野，寻访古迹，追溯河流的源头；或走访乡老，采集民间歌谣、谚语、方言和传说，然后把自己的见闻，详细地记录下来。日积月累，他掌握了大量有关各地地理情况的原始资料。

（四）撰写《水经注》

郦道元一生既爱游历，又爱读书，并以此闻名于世。在日常生活中，书籍是他不可分离的伴侣。在青州的时候，在父亲的悉心指导下，郦道元阅读了大量儒家的典籍。回到平城，步入仕途后，郦道元常利用政务之余，阅读大量的书籍。其中精读过的有数百种，泛读过的更是不计其数。郦道元研读的书籍中地理方面的占有较大比重。西周、春秋时期已涉及地貌物候记载的《诗经》《周礼》《老子》；秦汉时期的地理著作如《山海经》《尚书·禹贡篇》《汉书·地理志》以及之后的《水经》，无一不涉猎，无一不精细研读。

郦道元读书非常严肃、认真，对书中的记载力求弄懂、弄通，对各书中记述同一地方而有出入的问题，更是着意探究其原因。每读一本书都要作夹注和札记，这个良好的习惯为他后来写《水经注》提供了可贵的素材，我们也从中了解到不少已失传的古籍及其内容片断。大量地读书，使他具有渊博的学识，成为当时有名的学者，为他后来的著述打下了夯实的基础。

郦道元生长于北魏强盛时期，孝文帝决心改革，锐意汉化，迁都洛阳，挥军南下。如此盛世明君时代，父辈的教育，加上目击当时举朝振奋，励精图治的蓬勃气象，孝文帝统一天下的抱负深深地影响着郦道元。正当郦道元期待着祖国统一时刻到来之际，孝文帝中道崩殂，国势一蹶不振，他眼看祖国统一遥

遥无期，锦绣山河支离破碎。再加上对他“酷吏”构陷及二次免职等事件，使得郦道元摆脱人事纠纷，潜心著作以寄托他热爱祖国，渴望统一大业的胸怀。

经过晋末十六国的大动乱和各民族的大迁徙以后，各地行政区划几经变易，城邑交替，地理概念和名称发生了很大的变化，新旧地名混淆难辨。另外，千百年的沧桑巨变，江河、湖泊、植被、地貌也已大为改观，巨川变细流，农田变草原……

思及前人的地理名著，郦道元认为都有一定的缺陷。他在《水经注序》中指出：昔《大禹记》著山海，周而不备；《地理志》其所录，简而不周；《尚书》《本纪》与《职方》俱略；都赋所述，裁不宣意；《水经》虽粗缀津绪，又阙旁通。所谓各言其志，而罕能备其宣导都矣。

现有的地理文献很难适应新时期的需要，而新的地理著作却尚未诞生。因此，郦道元萌生了写一部全面、周详地反映全国地理状况的书籍的想法。

“因水以证地，即地以存右”，郦道元选择了为《水经》作注。

《水经》是我国古代记载河流的专著，其作者历来说法不一，一说晋郭璞撰，一说东汉桑钦撰，又说郭璞曾注桑钦撰的《水经》。其成书年代，诸家说法不一，全祖望认为是东汉初，戴震认为是三国时作品，今人钟凤年又认为是新莽时所作，诸说尚难确认，不过大体应为汉魏之作。《水经》分为三卷，记载了一百三十七条河流，仅一万来字。虽然粗缀律绪，又阙旁通，在写作方面却有其特点：河流水文较山脉、地质变化明显，界限分明；以水流为纲，以行进的方式记述流域内的郡县，条理清晰。

郦道元以《水经》所注水道为纲，着眼于《禹贡》所描写的历史上曾经出现过的版图广大的统一祖国，以属于全国的自然因素河流水系为基础，打破当时人为的政治疆界的限制，这充分体现了他希冀祖国的统一。

郦道元所载水体包括湖、淀、

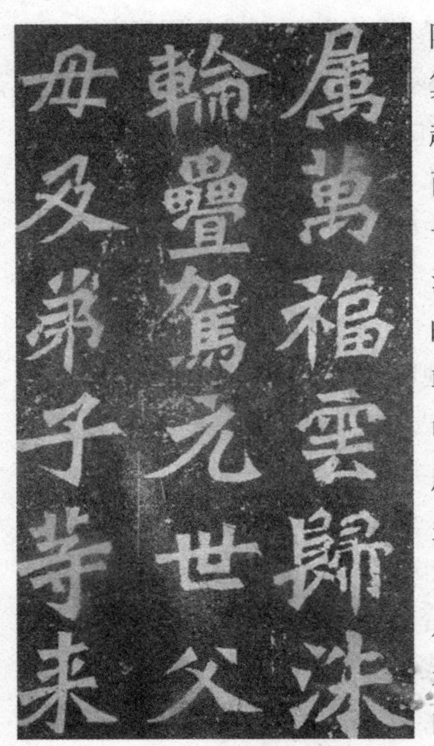

陂、泽、泉、渠、池、故渎等。今人赵永复查算达二千五百九十六条，这一数字不仅远远超过了《水经》原书及其他前代的地理著作，而且也是后世学者所难以企及的。注文达三十万字。涉及的地域范围，除了基本上以西汉王朝的疆域作为其撰写对象外，还涉及当时不少域外地区，包括今印度、中南半岛和朝鲜半岛若干地区，覆盖面积实属空前。其中很多地方他都从未踏足。所记述的时间幅度上起先秦，下至南北朝当代，上下约两千多年。它所包容的地理内容十分广泛，包括自然地理、人文地理、山川胜景、历史沿革、风俗习惯、人物掌故、神话故事等等，真可谓是我国6世纪的一部地理百科全书。难能可贵的是这么丰富多彩的内容并非单纯地罗列现象，而是系统地进行综合性的记述。侯仁之教授概括得最为贴切：“他赋予地理描写以时间的深度，又给予许多历史事件以具体的空间的真实感。”

（五）阴盘驿遇难

北魏后期，政治动乱，国势衰退。郦道元表现出了他在政治、军事上的卓越才干。

在试守鲁阳郡时，当地因“蛮人”居多，不立大学，他到任后，“表立黉序，崇劝学教”。诏曰：“鲁阳本以蛮人，不立大学。今可听之，以成良守文翁之化。”道元在郡，山蛮伏其威名，不敢为寇。

孝明帝时期，郦道元出任河南尹前后，六镇地区爆发了大规模的农民起义，震撼了北魏在北方的统治。这时孝明帝下诏任命郦道元为黄门侍郎，与都督（主管一方军事的将领）李崇一起前往六镇地区去储兵积粮，裁郡并县，并将六镇改为州。

孝明帝孝昌初年（525年），北魏东南边境形势吃紧，梁派将领攻扬州，北

魏徐州刺史元法僧又起兵反叛，他盘踞徐州的治所彭城（今江苏省徐州市附近），自称宋王，并遣其子元景仲与梁武帝联络。南北皆动乱，北魏朝廷一片惊骇。孝明帝任命刚从六镇返回洛阳的老臣郦道元为节度南路诸军的统帅，兼侍中、摄行台尚书，去征讨元法僧。郦道元率军在涡阳（今安徽省蒙城县附近）击溃了梁军，并乘胜追击，多有斩获，进而直逼彭城，镇压了这次叛乱。

不久，郦道元被提升为御史中尉。此时的北魏已十分的腐败。为重振朝纲，郦道元以"威猛为政"，虽然能够使当地人"伏其威名，不敢为寇""权豪始颇惮之"，但招致朝中权贵记恨。司州牧、汝南王元悦是孝文帝之子，孝明帝的叔叔，狂妄不羁，欺男霸女，朝中百官无不忌惮三分。他有一宠嬖之人丘念依仗其权势胡作非为。百姓们视元悦如虎，视丘念为狼。郦道元查知丘念把持州官的选任，将其逮捕入狱。元悦闻讯后，哀求灵太后下令赦免丘念。郦道元赶在赦令到之前，将丘念问斩。随后，向灵太后上书，告发元悦纵容、包庇丘念的罪行。灵太后对此气恼至极，却只能对郦道元的上书置之不理，元悦更是恨之入骨。

正好此时，从长安传来了肖宝夤将要谋反的消息。肖宝夤本是南齐王朝的宗室。南梁取代南齐时，他的兄弟都被梁武帝杀死，他只好连夜出逃，辗转流徙来到北魏。北魏王朝为了招降纳叛，立即给予他高官厚禄，并将南阳长公主嫁与他。之后他时时请兵南伐，屡有战功，官至相位。肖宝夤叛乱的迹象日趋明显。为了安定长安地区，孝明帝与众臣商议，决定派一名得力的大臣前往长安巡视安抚，打探虚实。元悦与另一"素忌"郦道元的侍中、城阳王元徽就鼓动朝廷派遣郦道元为关右大使，企图借刀杀人。果然萧宝夤以为郦道元去关中是为追查他的问题，更加疑虑、畏惧了，其僚佐柳楷劝诱肖宝夤趁机反判北魏，肖宝夤听从了柳楷的谗言，派遣部将郭子帙到阴盘驿（今陕西省临潼县东南）设下了埋伏。郦道元一行日夜兼程，进入雍州地

界。路遇一高冈，其上建有一所驿亭，不料从冈后杀出郭子帙的人马，将郦道元等围困于阴盘驿亭。亭上没有水源，平日驿亭用水都是到冈下的井中汲取，然后担上山冈供人食用。既被围，郦道元只好下令挖井取水，掘地十来丈亦不得水，饥渴难耐，疲乏至极之际，郭子帙率军逾墙而入，郦道元面对敌人，“瞋目叱贼，厉声而死”，仍表现出刚直勇猛的气概。他的弟弟道阙及二子俱被杀害。肖宝夤遣其部下将郦道元等遗体运回长安，殡于长安城东。事后，朝廷追封郦道元为吏部尚书、冀州刺史、安定县男。

长空孤雁鸣，秦山鸟悲歌，在流星闪过之时，一代英豪就此陨落。

郦道元一生好学，历览奇书，撰注《水经》四十卷，《本志》十三篇，又为《七聘》及诸文皆行于世。除《水经注》外，其余皆散佚。

三、《水经注》——兼容众多学科的巨著

《水经注》是一部不朽的地理名著，它对后世具有重大贡献。首先，它是我国地理学史上无出其右的河流水文地理名著。无论是已失传的唐李吉甫的《元和郡县图志》、金蔡珪的《补正水经》，还是尚存的清黄宗羲的《今水经》《水道提纲》都无法与《水经注》相比。其次，它是区域地理的代表作。《水经注》以西汉王朝的版图为基础，兼及域外，对如此广大的地域内的河流及流域进行综合性描述，前所未有。再次，《水经注》广泛涉及地名学、文学等其他学科，文字生动，内容多变，包罗万象，牵涉广泛，具有如此高度学术价值的专著，同时内嵌了作者热爱祖国，期盼祖国统一的丰富感情，具有极强的感染力。

（一）自然地理

《水经注》以水道为纲，研究的主要对象是河流水文。因此它的主要贡献在地理学方面。我们从地理学的两大分支学自然地理和人文地理两方面进行评述。

在自然地理上的贡献，首先在河流水文方面。《水经注》中不仅记载了有水河道，而且还记载了无水旧河道二十四条，这些记载为今天寻找地下水源提供了线索。

《水经注》从河流的发源到入海，举凡干流、支流、河谷宽度、河床深度、水量和水位季节变化、含沙量、冰期以及沿河所经的伏流、瀑布、急流、滩濑、湖泊等等都广泛搜罗，详细记载。这些记载，都能紧紧地扣住这

些河流的自然地理特点。绝不是千篇一律，即使是名不经传的小河流，亦追根溯源。

关于河流发源的记载，如卷九中的清水（今卫河）、沁水（今沁河）、淇水（今淇河）三条河流都是发源于太行山南麓或西麓的小河。郦道元为其作注，清楚表明：清水以太行山南麓的一些陂池和泉水为水源、沁水源头为太行山西麓宽广的冲积扇、淇水水源为瀑布急流。从中足可见，郦道元研究得细致认真。

《水经注》中对峡谷和滩濑的描述，资料亦十分翔实。峡谷对研究河川自然地理有重要的作用。全书记载峡谷近三百处，如黄河的孟门、龙门、三门诸峡，洛水的伊阙，长江的三峡，珠江的高要峡，湘江的空冷峡等等，对今人的研究有重要的参考价值。滩濑对研究河床变化有着重要意义，全书对滩濑的记载不计其数，给后世研究留下了宝贵的资料。

瀑布不仅是河床岩石构造和岩性变化的重要依据，同时也是河流溯源侵蚀的显著标志。在大部分情况下，河流总是透过侵蚀和淤积过程来平整流动途中的不平坦之处。经过一段时间以后，河流那长长的纵断面（坡度曲线）形成一平滑的弧线：河源处最陡，河口处最和缓。瀑布中断了这弧线，它们的存在是对侵蚀过程进展的一个测定。侵蚀作用的速度取决于特定瀑布的高度、流量、有关岩石的类型与构造以及其他一些因素。因此，对比古今瀑布的描述，就能

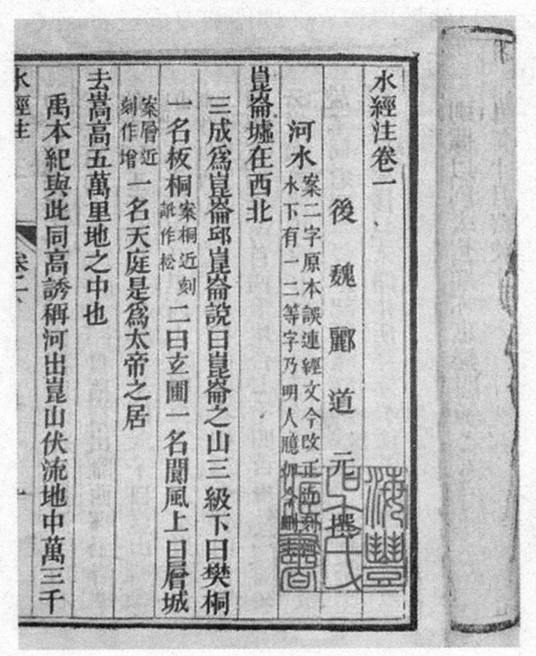
水經注卷一
後魏酈道元撰
河水 案二字原本訛連經文今改正水下有一二等字乃明人臆加今删
崑崙墟在西北
三成爲崑崙邱崑崙說曰崑崙之山三級下曰樊桐
一名板桐 案桐近刻訛作松 二曰玄圃一名閬風上曰層城
案層近刻訛作增 一名天庭是爲太帝之居
去嵩高五萬里地之中也
禹本紀與此同高誘稱河出崑山伏流地中萬三千

够算出侵蚀速度等要素。《水经注》全书共记载瀑布六十多处，为后世的研究提供了相当重要的资料。

《水经注》对北方河流的冰冻期亦有记载。如卷一《河水》经“出其东北陬”注中记载黄河“寒则冰厚数丈”，这就是冰层的厚度。除此之外，书中还有对冰冻时段、采冰时期、积蓄量的记载。

《水经注》记载了各种自然灾害，有水灾、旱灾、风灾、蝗灾、地震等，记载的水灾共三十多次，地震有近二十次。描述了历史上和当时的洪水暴发的情况，这些记载包括洪水暴发时间、洪水大小等情况，相当具体、翔实。这些历史水文资料大多为郦道元实地考察收集而来，有的得之于古书记载，有的则得之于许多河流上的石人或测水石铭的记录，非常珍贵，对于我们今天研究洪水的发展变化规律，防汛救灾具有重要参考价值。

这本专著记述的水体之全，当世罕有。除河流外，书中还记载了湖泊、沼泽、泉水、井等等。

《水经注》中湖泊、沼泽的记述达五百余处，对各种类型湖泊的记载也颇为详细。非排水湖，如蒲昌海（今罗布泊）、卑禾羌海（今青海湖）等；排水湖，如彭蠡泽（今鄱阳湖）、洞庭湖、叶榆泽（今云南洱海）等；人工湖，如芍陂、长湖等；以及沿海的潟湖，如“温水”的卢容浦、朱吾浦、四会浦、寿冷浦、温公浦等。郦道元还注意了湖泊与河流之间密切的水文关系，他多次指出：湖泊可以调节河流水量，洪水时，河流将洪水排入湖泊；旱季，湖泊又将洪水补给河流。这对于我们今天抗旱防涝、兴修水利很有启发。

全书记载有温泉三十一个，对各个温泉的特点、水温、矿物质、生物等情况进行了比较详细的叙述。其中可以治病的温泉有十二个，经常有许多人到那里治病。对各地温泉水温的记载尤为具体、详细，按照温度不同，从低温到高温分五个等级，依次为“暖”“热”“炎热特甚”“炎热倍甚”和“炎热奇毒”。“炎热

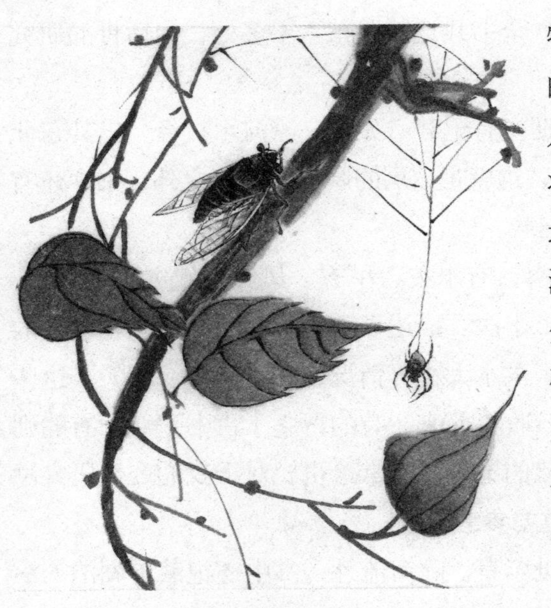

特甚”的温泉可以将鸡、猪等动物的毛去掉；“炎热倍甚”能将人的足部烫烂；“炎热奇毒”泉水可以将稻米煮熟。这些记载为研究我国地热变迁史提供了宝贵资料。对于温泉中的矿物质和生物，郦道元也分别予以具体叙述，如有的温泉有硫磺气，有的有盐气，有的有鱼等。

除了对各种水体的记载外，这本书也涉及了不少自然地理学其他方面的内容。所记各种地貌，高地有山、岳、峰、岭、坂、冈、丘、阜、崮、障、峰、矶、原等，低地有川、野、沃野、平川、平原、原隰等，仅山岳、丘阜地名就有近两千处，喀斯特地貌方面所记洞穴达七十余处。植物地理方面记载的植物品种多达一百四十余种，书中还对各地植物生长的地区性分布进行了记载，描述了我国东部湿润地区的沼泽植被、水生植被的情况和西北干燥地区的草原、荒原植被情况。动物地理方面记载的动物种类超过一百种，对各地的特种动物进行了详细记载，如伊水的鲵鱼，若水的象、犀、钩蛇，叶榆河的猩猩、髯蛇，吊乌山的候鸟，河水的猴猿、野牛、野羊，长江的鳄鱼，交道县的犹猢，霍塘峡的猿等，这些记载具有很珍贵的价值。

（二）人文地理

《水经注》包罗万象，在人文地理学方面，它几乎涉及了全部的分支学科，如经济地理学、城市地理学、社会文化地理学等等。其中经济地理学又扩展包括农业地理学、工业地理学、交通运输地理学等领域。

《水经注》对农业地理情况进行了全面记载，包括种植、畜牧、林业、渔业、打猎等许多方面。书中记载了大量农田水利建设工程的资料，对各地的陂、塘、堤、堰的兴废情况以及运河渠道的开凿情况等作了仔细描述。其中较著名的水利工程就有二十八项，如都江堰、白渠、龙首渠、郑国渠、灵渠、六门碣

等。这部专著对这些著名水利工程的兴建原因、经过、规模大小及后代兴废情况的记载比前人要详细、丰富得多，内容完整详尽，反映了我国古代劳动人民在农田水利建设方面所取得的巨大成就，为研究古代水利提供了方便。书中对全国具有系统灌溉工程的几个大型农业区的生产情况作了重点描述，对于了解我国古代农业生产技术很有帮助。书中对边疆地区的农业也进行了记载，如轮台以东广饶水草的绿洲农业，西南地区温水流域的原始农业等，我们可以从中了解不同地区的农业生产特点。书中对资源开发和利用的描述也很有特色，对于今天的资源保护和利用具有一定的借鉴意义。例如关于湖泊的开发利用，《水经注》就进行了详细论述，指出其应该包括湖泊的灌溉效益以及湖泊的资源开发，这要从多方面着手，既要注意矿产资源的开发利用，也要顾及动、植物资源的开发利用和湖泊旅游资源的开发利用。

郦道元生活的时期，工业还处于非常落后的手工业阶段。尽管如此，《水经注》记载的工业地理资料亦相当完备。涉及了采矿、冶金、造纸、食品、纺织等方面。在采矿、冶金方面，书中记载的能源矿物包括煤炭、石油、天然气；金属矿物包括金、银、铜、铁、锡、汞；非金属矿物包括雄黄、硫磺、盐、石墨、云母、玉、石材等等，并介绍了一些地区的金、银、铜、铁、锡等金属的冶炼场所和冶炼设备。其中对屈茨地区（今新疆吐鲁番地区）的冶铁工业的记载更为详细、具体，既记载了冶铁所用的燃料、原料等，又记载了产品的销售地区等情况，是我国古代关于用煤炼铁的较早的明确记载。手工业中着重记载的是制盐业，包括海盐、池盐、井盐、岩盐等。介绍了各地大小盐场二十余处，把产区的地理位置、采掘方法、产品性状、供销范围等都作了详细的记载。在食品方面，《水经注》记载了三处名酒的酿造情况，为研究我国酿酒技术和酒文化提供了资料。

在交通运输地理方面，亦有

大量的记载。占第一位的当然是水运，全书记载的河渠水道，绝大部分涉及航运。不仅包括了天然河流和航运，也记载了许多的运河，例如卷八记载的古代黄淮间的运河就相当有价值。其次也记载了各类陆路。包括了域外通道、南北通道、险要的栈道、山道以及大量的桥梁和津渡，其中仅桥梁就记有一百座左右，津渡也近一百处。

《水经注》在城市地理学方面的记载可谓丰富多彩。全书记载的县级城市和其他城邑共二千八百余座，古都一百八十余座，是研究历史城市地理的珍贵资料。除此之外，还记载了部分国外城市，如今印度河、恒河流域的古都波罗奈城、巴连弗邑、王舍新城、瞻婆国城等等，是后世研究中南半岛等地古代城市的罕有的文字资料。书中还记载了大量的镇、乡、亭、里、聚、村、墟、戍、坞、堡十类小于城邑的聚落体系，约有一千处，对研究古代聚落地理有珍贵的参考价值。

对于社会文化地理方面亦不曾遗漏。由于郦道元生活的时代曾进行过地理上人口大迁徙，《水经注》记载了很多反映人口迁徙的情况，以及很多少数民族的分布、语言、风俗、汉化等，如匈奴、犬戎、羯、于越、骆越、五溪蛮、三苗、马流、雕题、文狼等族，不胜枚举。

（三）地名学

地名学是研究地名的由来、语词构成、含义、演变、分布规律、读写标准化和功能，以及地名与自然和社会环境之间关系的学科。地名研究源远流长，中国古籍中不仅记载了大量地名，而且对许多地名的读音、含义、位置、沿革以及命名规律都有阐述。

早在西汉就提出了现在广为熟知的地方命名原则：“水北为阳，水南为阴；山南为阳，山北为阴。”如淮阴，衡阳等。之后又提出了“因事命名”等命名原

则。到了南北朝时期，随着人口的增加及迁徙，城邑的没落与新增，大量的地名涌现，因此，此时的地理著作对地名的收集及注释都是空前罕见的。之前的地理著作涉及的地名数量最多的是《汉书·地理志》，有四千五百多处，而《水经注》一书的地名数量多达二万余处；对地名的渊源解释，之前的地理名著不过百余处，而《水经注》达到了一千多处的惊人数量。《水经注》在地名学上的贡献可谓集六朝地志之大成，前所未有。

《水经注》的地名渊源涉及自然地理的因山为名、因水为名等十项种类，也包含了人文地理部门的人物地名、史迹地名等十四项类别，不仅引录了前人的规律性认识，而且还进一步归纳了一系列关于地名命名、更名的精辟见解，有些论述已上升到地名学理论的高度。

因山为名。东汉应劭最早提出了“因山以名县”的原则，南朝宋盛弘之最早将这一原则简洁地归纳为“因山为名”这四个字。在《水经注》的地名释意中，有六十九处是以因山为名为原则。如《江水注二》：“其间首尾百六十里，谓之巫峡，盖因山为名也。”《淄水注》中还指出了一串因山为名的地名：“余按泰、无、莱、柞，并山名也，郡县取目焉。”

因水为名。东汉刘熙《释名》最早提出“借水以取名”的说法。郦道元在其《水经注》中总结为藉水取名、因水以制名的地方命名原则。《水经注》中共有七十处地名源于因水为名。如《水注》：“余按卢奴城内西北隅有水，渊而不流，南北百步，东西百余步，水色正黑，俗名曰黑水池。或云水黑曰卢，不流曰奴，故此城藉水以取名矣。”《耒水注》：“耒阳，旧县也，盖因水以制名。”

人物地名。顾名思义，以人物名来命名地方。在《水经注》中占的比重不小，共有一百三十一处。如《湘水注》：“汨水又西为屈潭，即汨罗渊也。屈原怀沙自沉于此，故渊潭以屈为名。”又如《渭水注一》：“（渭水）屈而东迳伯阳城南，谓之伯阳川。著盖李耳西入。往迳所由，故山原畎谷，往往播其名焉。”

史迹地名。以历史名人事迹来命

名地方。《水经注》中涉及九十七处。如《沔水注》："沔水又东迳乐山北，昔诸葛亮好为《梁甫吟》，每所登游，故俗以乐山为名。"又如《渐江水》中对"秦望山"的注云："秦始皇登之，以望南海。"

郦道元还在多处纠正了前人的错误。如"合肥"一词的由来，《汉书·地理志》注："夏水出城父东南，至此与淮合，故曰合肥。"北魏初年阚骃注："出沛国城父东，至此合为肥。"郦道元通过考察，汉城父县远在淮河以北，而合能东淮河之南甚远。他在《施水注》中释为："盖夏水暴长，施合于肥，故曰合肥也。非谓'夏水'。"前一"夏水"为夏水暴发洪水；后一"夏水"则为河名。郦道元在全注中大约指出前人错误一百处以上，功莫大焉。

除了对地名的释义进行剖析，郦道元对"音""形"也有独特见解。读音方面，如《菏水注》："泮水又东合黄水，时人谓之狂水，盖狂、黄声相近，俗传失实也。"字形方面例如西汉水有条支流叫杨廉川水，以东汉初有个叫杨廣的人而得名。郦道元在《漾水注》中注："但廣、廉字相状，后人因以人名名之，故可讹为杨廉也"。《水经注》无论是对地名问题的探讨，地名语源和语义的诠释，还是地名命名或更名原则的归纳总结，都是其他地理著作难以望其项背的。

（四）文学

《水经注》这部学术著作非常注重语言文字的运用，从文学角度来看，它描绘祖国山川壮丽秀美的景色，同时记述各地的名胜古迹、神话传说、风土人

情，文笔深峭，脍炙人口，千余年来一直被人传颂。

《水经注》的文学价值，首先在于它对于游记文学的深远影响。郦道元历来被称为写景能手。举凡虫、鱼、鸟、兽、山石、清泉、瀑布、绿潭……描状无不穷形尽态，生机勃勃。他或者摄取一个镜头以突出全景，或者点染来衬托全景，或者以前无古人的描绘展示出情景交融的画面。

中学课本中的《三峡》即节选自《水经注·江水二》。文章具体形象地描写了三峡的山高、水险、峡长的地理特点以及不同季节的各种壮观景色。郦道元写了三峡（主要是巫峡）两岸高峻的山势、夏天奔流的江水以及“春冬之时”和“晴初霜旦”的凄清幽寂，表现了不同季节、不同时间的景色特征。全文虽只一百五十余字，却以精练的语言把壮丽的山河呈现在大家眼前，使人赫然对三峡奇景产生向往之情。“朝辞白帝，暮到江陵”及“常有高猿长啸，属引凄异”等语，李白的《早发白帝城》诗就是从中脱化而来。

《水经注》把晋宋地志所开创的科学内涵与艺术精神融为一体的“地志游记”发展到了一个新的阶段，熔科学考察、史地辨证、山水描摹、风情笔录、古迹考察于一炉，成为新的游记文学的典范。其内容之丰富，容量之大，令人叹为观止。后世陆游的《入蜀记》、徐宏祖的《徐霞客游记》等等在内容写法上无不与《水经注》一脉相承。明张岱云：“古来记山水手，太上郦道元，其次柳子厚，近时则袁中郎。”柳宗元的许多语言世术便得自《水经注》，如《小石潭记》中“潭中鱼可百许头，皆若空游无所依”的名句便取材于《洧水注》中“俯视游鱼，类若乘空”，其他如在意境、手法等方面也多受其影响。《水经注》奠定了我国游记散文的基础，并给予南北朝以来历代山水游记以巨大影响。

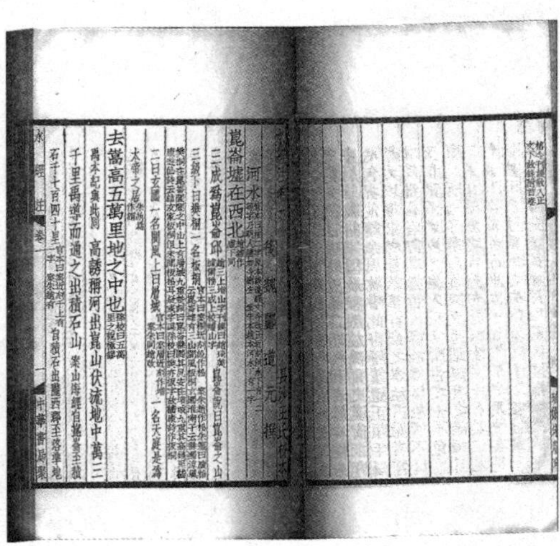

河水

崑崙墟在西北

三成爲崑崙丘

三級下曰樊桐一名板桐

二曰玄圃一名閬風上曰層城

一名天庭是為

太帝之居

去嵩高五萬里地之中也

高誘稱河出崑山伏流地中萬三

千里禹導而通之出積石山

《水经注》的文学价值，在于它继《山海经》之后写了不少的民间神话传说。在仅有八千四百字的《漯水篇》中，就有天池、马邑川、道武帝遇白狼之瑞、虎圈、火山、汤并、风穴、飞狐口、青牛渊、神泉水、班丘仲卖药、赵襄子杀代王、黄帝战蚩尤于涿鹿等十七个。其中收录的著名神

话传说，还有《河水篇》的昆仑神异、菩萨降魔、赵简子怒沉栾缴、汉武帝掠取大宛马，《渭水篇》的忖留神与鲁班语、智囊樗里子，《江水篇》的巫山神女，《温水篇》的竹王等等。这些神话传说，不仅丰富了《水经注》的内容，而且描述生动优美，富于传奇色彩，表现了古代人民对理想的追求，富于想象和幻想，对文学的发展起了很大的作用。

《水经注》的文学价值，还在于它涉及了不少情景逼真、富于趣味的风土民俗。风土民俗，是研究我国文化史和各民族史的重要资料，是文学具有民族性的重要标志之一。如《漯水注》中关于雁门、神泉二水合而有灵，久旱不雨，人多祷请的习俗；《渐江水注》关于人们至射的山石室，“常占射的，以为贵贱之准”的传说；《温水注》中关于当时海南岛少数民族“好徒跣，耳广垂以为饰，虽男女亵露，不以为羞”的记述等等。

《水经注》在文学上所取得的成就对后世来说是一种启发，学术著作并不一定要枯燥、刻板，也可以生动活泼，引人入胜。

（五）其他学科

《水经注》除了在地理学、地名学、文学等方面的杰出贡献外，在其他学科，如语言学、历史学、考古学、金石学、文献学等方面一样提供了有用的资料，影响深远。

后人对《水经注》的语言艺术多有深究，我们从语言学角度来研究，以期为更好地了解这部不朽名著提供全新的视角。

《水经注》在语言学运用上的特点是新颖多变，给人以耳目一新的感觉。

郦道元自创新词，如描写峰峦高耸，创新词“峭秀”“秀出”“云秀”“广秀”。如“北岭虽层陵云举，犹不若南峦峭秀。”“其西则石壁千寻，东则磻

溪万仞，方岭云回，奇峰霞举，孤标秀出，罩络群山之表，翠柏荫峰，清泉灌顶。”“泽南面层山，天岩云秀，池谷渊深。”“今于上西门外，无他基观，惟西明门外，独有此台，巍然广秀，疑即平乐观也。”除此之外，还有：“自津”“潭涨”“约障”“取悉”“飞清”“佳饶”“挂溜”“绣薄”“戕改”“英谈”“疏挺”“取畅”“披薄”“经究”“关究”“营煮”“邈别”“博问”“香冷”“究悉”等。

为避免重复，郦道元在书中同素反序式复音词交互使用，如广崇—崇广、皆悉—悉皆、作制—制作、祷祀—祀祷、灌溉—溉灌等等；单音节形式与其同义或近义的双音节形式交互使用，如：覆—被—覆被、防—捍—防捍、罢—省—罢省、寻—求—寻求、疏—僻—疏僻、详—究—详究、咸—悉—咸悉、枕—带—枕带等等；使用由相同语义的语素内核构成意义相同或相近的双音节语词，如：由“秀”构成了一系列含“秀”的语词，“特秀”“峭秀”“秀出”“高秀”“秀广”“崇秀”“云秀”“广秀”“秀峙”“层秀”等；由“举”构成的词语有“峭举”“云举”“峻举”“霞举”“崇举”“举高”等；由“峙”构成的词语有“霞峙”“竦峙”“峭峙”“杰峙”“层峙”等；由“奋”构成的词语有“奋发”“奋跃”“奋越”“奋通”等；由“带”构成的词语有“缨带”“滨带”“枕带”“衿带”“翼带”“匝带”“萦带”“缘带”等。

《水经注》中引用了不少歌谣、谚语、俚语、诗、赋等等，这些语言形式的存在，使得全书语言具有很强的艺术表现力和浓郁的生活气息。如旅人在迂深的长江水道中逆水行舟，历日隔宿，仍然看得到高耸的黄牛峰。便引用民谣表述：“朝发黄牛，暮发黄牛，三朝三暮，黄牛如故。”《沔水注》记述涝、净二滩：“……夏水急盛，川多湍洑，行旅苦之。故谚曰：‘东涝下净，断官使命。’”八字民谣，达到了知其险的目的。还有如“巴东三峡巫峡长，猿鸣三声泪沾裳。”“三

公出何去，往至高阳池，日暮倒载归，酩酊无所知。”等等，这些都起到了画龙点睛的作用。《水经注》所引诗、赋很多，诗共二十余首，赋三十八篇，这是当时其他著作所不可比拟的。

在历史学上，《水经注》拥有大量的历史资料，对史学研究很有价值。比如郡县的位置、名称、历史变革等等，有很多史书中记载不详，或者没有记载，而在水经注里可以找到准确完整的资料。如《汉书·地理志》《后汉书·郡国志》《晋书》等等。《晋书》比《水经注》晚得多，但在不少地方仍赖于郦注的修补。如《江水》中提及的沌阳，《沫水》中提及的护龙，《澧水》中提及的溇阳，《赣水》中提及的豫宁四县，按《水经注》所记，都是建置有年代可考的晋代县名，但《晋书·地理志》均失载。

《水经注》记载了大量不同性质、不同时代、不同风格和不同建造技巧的古代建筑，为建筑史研究提供了重要的史料。如阿房宫、建章宫、未央宫等著名建筑，还有一些一般建筑如白台等。除此之外，对园林、寺庙、佛塔的记载亦有重要的价值。

《水经注》中引用了古代文献达四百八十余种。其中有很大一部分现已亡佚，如三国魏蒋济的《三州论》等，除《水经注》外，未见他书著录。这是《水经注》对后世文献学研究的重要贡献。

四、《水经注》中郦道元的先进思想

（一）大一统思想

《水经注》虽属学术专著，但其思想性也极强，字里行间饱含着作者的深厚感情，首先表现在大一统的爱国主义情怀。

大一统：大，重视、尊重；一统，指天下诸侯皆统系于天子。后世称封建王朝统治全国为大一统。

中国的大一统思想由来已久。孔子心中的理想帝王就应握有一统天下的权威，所谓“礼征乐伐自天子出”。儒道墨法等各派思想中都潜藏着大一统的身影。老子主张以“一”为本，“道生一，一生二，二生三，三生万物”。大一统从此有了本体论。正式提出“大一统”的是《公羊传·隐公元年》：“何言乎王正月？大一统也。”唐人颜师古说：“一统者，万物之统皆归于一也……此言诸侯皆系统天子，不得自专也。”疏曰：“王者受命，制正月以统天下，令万物无不一一皆奉之以为始，故言大一统也。”李斯更是明确提出：“灭诸侯，成帝业，为天下一统。”《汉书·王吉传》中称：“春秋所以大一统者，六合同风，九州共贯也。”大一统的原始意义正是消灭对手，由帝王一人统治天下。

郦氏家族书香门第，郦道元从小受正统的儒家教育，大一统的思想根深蒂固。然他出生时南北分裂已二百年，入仕时正值北魏强盛时期，孝文帝积极准备攻南。郦道元深深向往着大一统，把这种情怀寄托在孝文帝身上，期冀汉化了的北魏一统中华，然而孝文帝中道崩殂，随后北朝一蹶不振，南北统一的希望成为泡影。郦道元遂通过著书抒发自己的情怀。

郦道元身处南北分裂的时代，但心目中却只有一个统一的祖国。他以大一统的西汉王朝为《水经注》的记述版图，丝毫没有把北朝和南朝的分界线放在眼里，更没有在《水经注》中提到哪一条河，哪一座山是南北两国的界限所在。他注意到了北魏与南朝之间通和、通商的途径，却很少谈及它们之间交战的地点。在《水经注》中，祖国辽阔的山河大地是不分东西与南北的。郦道元对祖国的一山一水都充满了炽热的爱，并以细腻、生动的笔触去描画。即使是他从未踏足的南朝土地亦叙述得如此详细，景物如此逼真。

最能说明这一点的是，郦道元在《水经注》中没有北尊南卑的思想，他在文中多次用过南朝的年号，这使得后期的研究者们为之愕然。不提清朝的文字狱对那些使用前朝年号的文人的迫害，合族受戮，牵连无计，就是现在不同的派别亦有不同的政治立场。而郦道元，家族历代服官于北朝，自己亦为朝廷重臣，多次受命平叛乱与南侵，他对北魏的忠心自不必言，绝无可疑。然在《水经注》中十五次使用南朝年号，这就充分地说明郦道元没有南北之分的政治立场，着眼于全国范围，以期冀的大一统的西汉为基础进行他的地理创作，深切体现了这种积极开拓、奋发向上的气魄，这种兼收并蓄、包容一切的胸怀。

除此之外，在《水经注》中，郦道元表现了高度的民族自豪感，他心目中的民族并不仅仅局限于汉族，而是由多民族组成的整个中华民族的统一体。对于生活在祖国大地上的各族人民，不论夷夏都尽其所知地认真进行记叙。在记叙黄河流域开发史时，他十分注意汉族以外的其他民族的作用，他转引孔子称赞郯子时说的“学在四夷”一语高度地评价了古代东夷族的文化素养。他还详细地记载了少数民族的风俗习惯与历史、神话传说。如巴蛮族的首领廪君乘坐泥做的船而不沉；羌族酋长梁晖在一座无水之山中以羊献神使山泉涌出，将鞭杆插在地上长成了树林等等。对于那些促进民族交往的人物，郦道元更是详细记载，大加赞扬。

凡此种种，都表现了郦道元的爱国主义情怀，这也是他能取得如此巨大的成就，《水经注》成为传世之作的重要原因之一。

（二）崇高的思想意境

《水经注》一书处处浸润着郦道元的崇高思想，体现着他的做人原则。

表现最强的就是郦道元对邪恶势力的抨击，对清官循吏的褒扬。

郦道元有善必录，《水经注》中记下了许许多多为人民造福的历史人物的业绩。由于《水经注》是一部记载河流的专著，因此，书中记载了很多水利工程，如都安大堰、芍陂、六门陂、长湖等，以及赞扬了著名的水利专家，如李冰、王景、西门豹、史起等。同时，书中记述了许多古代为民着想的好官清官的事迹，如挂阳（今湖南省彬县附近）太守茨充教民织履穿鞋；陇西（今甘肃省陇西县附近）太守马援引水种稻；渔阳（今北京市密云县西南）太守教民垦殖等事迹。且有赞颂清官良吏的歌谣，如刘陶出任颍阴（今河南省许昌市附近）县令，为官清正，关心县治，因而颍阴风气大正，道不拾遗。刘陶因病离任以后，当地百姓编了童谣来歌颂他："悒然不乐，思我刘君，何时复来，安此下民。"

郦道元疾恶如仇，《水经注》中批判了不少不利于人民的弊政，谴责了很多为害人民的暴君和贼臣。郦道元在《水经注》中记录了这样一首民歌："生男慎勿举，生女哺用脯，不见长城下，尸骸相支柱。"强烈地抨击了秦始皇的暴政。又如，汉武帝扩大上林苑，供个人狩猎；王莽筑九庙，功费数百万，死者以万计；曹魏明帝建景福殿，造价八百万等等。郦道元对此都一一详记，使之罪状昭彰，从而作出了不言而喻的批判。

《水经注》一书涉及了不少鬼神故事，用意在于揭露事物真相，反对迷信盲从。

淝水之战前，东晋谢玄曾往八公山祈祷。后来，苻坚眺望八公山上，误将草木视为军队。于是，人们纷纷传说，由于谢玄的虔诚祈祷，八公山神显灵了。这也是“草木皆兵”一词的由来。但是，郦道元指出，这并不是八公山的神灵帮助东晋，而是苻坚将士的心疑神惑。

安喜县城（今河北省定县城关）的一个城角崩塌以后，人们发现城角下有不少巨大的木材，横竖相交，如梁柱形状，以为发现了地下的神宫。郦道元对此怀疑，他认为：这一带原先是古河滩，由于山水奔荡，将上游的巨木顺流冲下来，堆积于此。后来木材被沙土掩埋，天长日久，淤积成平地。以后，人们在此筑城，恰巧建于木上。如今城角崩塌，原先堆积在它下面的木材又重见天日。因此，这一切毫不足怪。

从上述例子中可知，郦道元是坚决反对那些荒诞的鬼神迷信之谈的。

当然，《水经注》中也记述了一些神话故事和怪异传说，例如巫山神女、天马行空、鲤鱼跳龙门等等。但是，这些故事与传说早已为人民群众喜闻乐见，它们反映了人民群众渴望征服自然和憧憬未来的美好愿望，与迷信、落后的传闻性质是决然不同的。对于有些自然现象，限于当时的科学水平，郦道元还无法作出正确的解释，而陷入了谬误的认识之中。这是时代的局限所致。

与同时代的书籍比较，《水经注》的思想内容已经达到了相当崇高的境界。

五、极不公正的评述——“酷吏”

郦道元是北魏著名的学者，地理学家，同时也是一位热爱祖国的将领，他在为官期间亦有不少作为，但就是这样的人物却被他死后二十七年面世的《魏书》收于《酷吏传》，这不能不让人震惊。

清乾隆间编纂《四库全书》，诏定二十四史为“正史”。“正史”在我国是权威的史书，研究者多以“正史”为蓝本，修撰其他史料。如此权威的史书，却把郦道元收于《酷吏传》，这实在令人诧异。

《魏书·酷吏传》共收入酷吏九人：于洛侯、胡泥、李洪之、高遵、张赦提、羊祉、崔暹、郦道元、谷楷。这中间，大部分确实是酷吏，如胡泥“刑罚酷滥”、李洪之“酷暴”、羊祉“天性残忍”、高遵“严暴非理，杀害甚多”等等。这些人，有的因为暴虐而受到朝廷的诛灭，如于洛侯、李洪之、高遵、张赦提均被朝廷“赐死”；有的因为丑名昭彰，受到百姓唾弃，如羊祉，“所经之处，人号天狗”；谷楷“以暴虐为名，时人号瞎虎”。这些人都有一个特点，那就是贪赃受贿，这在史书上都有记载。

那郦道元又是因何被《魏书》认为是酷吏，把他与上述人等同而语呢？《魏书·郦道元传》只有三百零九字，其中涉及到郦道元一生为官最严重的过失只是在东荆州刺史任上，“威猛为治，民诣阙讼其刻峻，坐免官”。至于如何“刻峻”“威猛”，并无具体内容。这里所说的“威猛为治”是郦道元在乱世之中不得不用的重典。时逢北魏后期，国势衰落，胡太后临朝，朝政腐败，社会扰攘，人心浮动。为保一方安宁，郦道元“威猛为治”。据《北史》记载：“山蛮伏其威名，不敢为寇。”这说明“威猛”

只是他在当时的社会情况下不得不用的一种手段。《北史》中对此的记载与《魏书》有一字之差。《北史》载："蛮人诣阙讼其刻峻。"表示当地的少数民族不堪忍受，于是受到朝廷"免官"，但不久即升河南尹。这说明朝廷免官无非为缓和一下民族矛盾，他的"威猛"未违背朝廷的利益，也未达到受到社会道德谴责的程度。

《魏书·郦道元传》记述郦道元为政严猛最重要的一段是："道元素有严猛之称，司州牧、汝南王悦嬖近左右丘念，常与卧起。及选州官，多由于念。念匿于悦第，时还其家，道收念付狱。悦启灵太后请全之，敕赦之。道元遂尽其命，因以劾悦。是时雍州刺史萧宝夤反状稍露，悦等讽朝廷遣为关右大使，遂为宝夤所害，无线于阴盘驿亭。"

从上述材料可看出，郦道元的"严猛之称"多半来自这些为非作歹的王室纨绔子弟口中。据史书记载，材料中的汝南王元悦狂妄不羁，欺男霸女，朝中百官无不忌惮三分，好男色，最后投奔南梁。丘念是仗势欺人的男妓，郦道元不惧权贵，逮捕丘念并处死，弹劾元悦。这正说明了他为官刚正，疾恶如仇。同时，郦道元是为国而死，且得到朝廷追赠，与那些列入酷吏之人遭"赐死"完全不同；《魏书》承认郦道元"秉法清勤"，与那些人贪赃受贿完全相反。这样的话，《魏书》不是自相矛盾吗？

《魏书》和《北史》都是正史，对郦道元都有记载，北史记载六百十二字，其中包括了《魏书》那三百零九字在内。二者对于郦道元的评价不同处有：一是《北史》未把郦道元收入《酷吏传》；二是郦道元"表立黉序，崇劝学校""道元在郡，山蛮伏其威名，不敢为寇""道元素有威猛之称，权豪始颇惮之""道元与其弟道峻，二子俱被害。道元瞋目叱贼，厉声而死""事平丧还，赠吏部尚书、冀州刺史，安定县男"这几段《魏书》记载从缺。

从缺的这几段记载我们可以看出当然不能把郦道元列入《酷吏传》。可以从

中看出郦道元对为非作歹的皇亲国戚毫不留情，是一个好官清官。然而《魏书》中并没有把上述几条收录进去。《魏书》成书于郦道元死后二十七年，而《北史》较其晚了一个世纪。按收集材料来说，《魏书》占尽天时地利，为何有如此大的缺失呢？

《魏书》的史官魏收据史书记载，“性褊，不能达命体道”“收既轻疾，好声乐，善胡舞。文宣末，数于东山与诸优为猕猴与狗斗，帝宠狎之”，除此，《北齐》记载魏收撰此书的掌故甚多，“修史诸人祖宗姻戚多被书录，饰以美言。收性颇急，不甚能平，夙有怨者，多没其善”。从上文可看出魏收此人心性如何，他撰写的史书真实性又如何。因此，赵一清认为：“（郦道元）何至列之《酷吏传》耶，恐素与魏收嫌怨，才名相轧故耶？”这个猜测看来并不是无根据的。

郦道元绝不是酷吏，不应列入《酷吏传》。无论魏收如何编派、诽谤郦道元，历史总会还其公道的。后人也应吸取教训，编纂史书，年代宜相隔较远，这样史官才不会有所偏颇。同时，对于所谓的权威，我们不能盲目相信，要有所判断。

六、《水经注》的传承与研究

(一) 历史上的传承与研究

《水经注》成书于北魏后期，从郦道元死后到隋王朝统一的半个多世纪中，北方战火蔓延，北魏都城洛阳曾经几次遭到兵灾，焚烧殆尽，但这部传世巨著奇迹般地在战火中保存了下来。当时雕版印刷尚未出现，一切书籍的流传都要通过传抄，这部著作有几部钞本也不得而知。隋统一中国后，《水经注》的钞本被朝廷珍藏起来，《隋书·经籍志》著录此书作四十卷，可见仍然完好无缺。唐取代了隋后，《旧唐书·经籍志》和《新唐书·艺文志》都有此书的著录，卷数仍为四十卷，仍是此书的足本。直到北宋景祐年间，崇文院整理藏书，编辑目录《崇文总目》，其中，《水经注》被著录为三十五卷。从这个时候起，北宋以前的一些书上所引的泾水、滹沱水、(北) 洛水等卷篇就不见了，《水经注》已残缺。

隋唐至北宋这段时期是研究《水经注》的初期。这一阶段所做的工作，主要是剪辑、摘录资料以供他用。隋代的《北堂书钞》、唐代的《初学记》、宋代的《太平御览》和《书叙指南》等都剪辑了《水经注》中的大量资料。唐初的司马贞作《史记索隐》，章怀太子注释《后汉书》，也摘录了《水经注》中的词句，用作注释材料。唐代的《元和郡县志》，宋代的《太平环字记》《晏公类要》《长安志》《元半九域志》等书则将《水经注》按地区剪裁，然后录入书中。

传抄是一件很辛苦的工作，三十多万字的著作，从头到尾抄写一遍，要花很多时间，而且抄录这样长的文字，中间一定会有许多抄错的地方。所以，辗

转传抄的结果，使书籍里的错误越来越多。钞本的收藏者们要么不曾对其校勘，要么校勘后的善本不见影踪。再加上《水经注》的中途散佚，导致篇幅割裂，内容寥落，经注混淆。由此出现了对《水经注》的考据、校勘阶段。

北宋之后，金代礼部郎中蔡珪撰写了《补正水经》三卷，这是深入研究《水经注》的开端。其研究成果虽已亡佚，但从尚存的史料亦可见，蔡珪对《水经注》并不是简单的剪辑摘录，而是对残本作了修订和补充，开了补遗、纠谬的先河。

早在公元9世纪，雕版印刷已成为商品，在唐代发展缓慢，直到北宋中期，重要书籍的刊印才大量出现。《水经注》的第一种刊本是成都府学宫刊本，具体年代已不可知，且早已亡佚，全书只三十卷，且经注混淆，错误颇多。第二种刊本为北宋元祐二年本，虽也亡佚，但通过明代吴琯刊本，还可一窥其貌。

从明代起，刊本流传很多，而学者们也开始根据宋明的刊本和钞本进行校勘、注疏。万历四十三年（1615年）由朱谋讳校勘的《水经注笺》是《水经注》刊本史上的名本之一。朱谋讳在校勘上花了极大的精力，改正了历来沿袭的许多错误。直至清代，许多《水经注》佳本都以此本为底本。

清朝特别是乾隆年间，对《水经注》的研究进入鼎盛时代，当时的学界名流全祖望、赵一清、戴震等人相继从事《水经注》的校勘工作，并各自撰写了专书。全祖望在其祖传校本的基础上，于乾隆三年完成了对此书的五校，之后又完成七校，他首先区分经、注两方面，为解决经注混淆引导先路。赵一清承其方法，完成《水经注释》，此书校勘精密，注疏详尽，广辑散佚，增补缺失，贡献之大，可见一斑。稍晚于赵一清的戴震，奉命于乾隆三十八年，主校《水经注》，并于次年刊行武英殿聚珍版本，这是之前任何版本无法比拟的。然而也由此引发了戴赵相袭案，震动整个学术界。

对《水经注》的研究，除了校勘注疏外，还有如钟惺、谭元春等从文学角度对

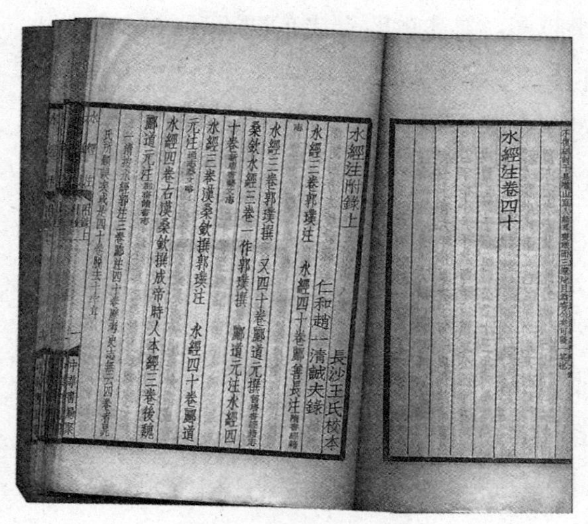

水經注卷四十

水經注附錄上　長沙王氏校本

仁和趙一清誠夫錄

水經三卷郭璞注　水經四十卷酈善長注

水經三卷郭璞撰　又四十卷酈道元撰

桑欽水經三卷一作郭璞撰　酈道元注水經四

十卷

水經三卷漢桑欽撰郭璞注　水經四十卷酈道

元注

水經四卷右漢桑欽撰成帝時人本經三卷後魏

酈道元注

《水经注》中词章的研究；黄宗羲、顾炎武、顾祖禹、胡渭等从地理角度对《水经注》内容的研究等等。由此，对《水经注》的内容、词章、体裁、版本、作者生平、引用文献等的研究逐步发展成为一门专门的学科，简称郦学。这与研究《红楼梦》而产生“红学”一样，只不过郦学渊源比红学早一千多年。

（二）近现代的郦学研究

清末和民国初年，郦学研究陷入僵局，除了由于对《水经注》的校勘工作已登峰造极，甄于完善，后人难以超越外，戴赵相袭案的论战牵涉了大多数学者的精力，如杨守敬、孟森、余嘉锡、郑德坤、森鹿三等知名学者都牵涉在内。此时期虽然文章和函札不断，但大都不涉及《水经注》本体。此论战牵涉之广，时间之长，削弱了对《水经注》研究的力量，对郦学研究损失之大，难以估计。

当然，也有一些学者远离论战，潜心著述，发表了一些成果。如范文澜的《水经注写景文钞》、丁山的《郦学考序目》、岑仲勉的《水经注卷一笺校》等等。

这一时期，成果最大的当属杨守敬。杨守敬先后撰写了《水经注疏》《水经注疏要删》《水经注图》等著作。

杨守敬为研究《水经注》进行了艰难的长途实地考察，并在此前作了大量的学术准备，为《水经注》的总结性研究奠定了深厚的基础。他著《禹贡本义》《汉书地理志补校》，以溯其源；撰《三国郡县表补正》，以考其世；著《隋书地理志考证》，以究其委。光绪三十一年（1905 年）又将《水经注疏要删》先行刊布发行，继之又于宣统元年（1909 年）刊刻《水经注疏要删补遗及续补》，并由此赢得了巨大的学术声誉，当时学者名士推崇他的研究是“旷世绝学，独有千古”。杨守敬与其得意弟子熊会贞一道，对《水经注》进行了全面、细致的

注释和疏通，从逐一检出注语出处入手，注于书眉行间。此书其篇幅之浩大，征引之广博，考订之精详，令以前的所有研究《水经》的著述逊色。然而，在旧中国，《水经注疏》却一直未能出版。

在修改《水经注疏》的同时，杨守敬还和熊会贞一起完成了《水经注图》的编绘工作，该稿依据《水经注》的内容分区制图，以朱墨套印，便于分清古今的地名。该稿于1905年刊印，全套八册，蔚为大观。1954年，蜚声中外的学者顾颉刚先生在编绘《中国历史地图集》时曾盛赞《水经注图》为“我国历史地图里面空前的杰作，我们在编制时常需参考”。由此可见，《水经注图》在我国地图史上的重要位置。

中华人民共和国成立后，命运多舛的《水经注疏》终于于1957年由北京科学出版社影印出版。中国台湾方面，20世纪50年代初期由台北中华书局将其影印出版。由于出版匆促，以至书内错误百出，钟凤年先生又对此书进行了精当的校勘，写成了七万言的《水经注疏勘误》。

杨守敬和熊会贞对《水经注》的研究可以说是对乾隆以来郦学研究的全面总结和发展，他们的研究成果达到了登峰造极的地步。著名学者顾颉刚在《当代中国史学》中评述清人地理学研究时说：“守敬实集清代三百年来《水经注》研究之大成，其专心致志真可惊也。”与杨同一时代的国学大师罗振玉曾将杨守敬的“地理学”、段玉裁的“小学”、李善兰的“算学”推尊为清代三“绝学”。

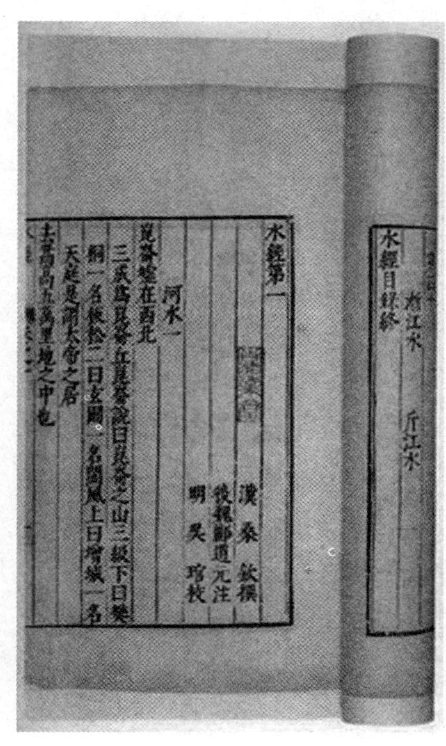

建国后，《水经注》的研究工作发生了重大的改观，学术界日益关注《水经注》本身的科学价值，而对于郦道元本人的研究也得到了重视。如辛志贤的《郦道元籍贯考辨》、赵永复的《郦道元生年考》、刘荣庆的《郦道元遇难地小考》、谭家健的《郦道元思想初探》等等。随着对《水经注》实用性的关注，《水经注记载的植物地理》《水经注记载的城市地理》《水经

注与内蒙古地理》等文章陆续发表。尤其从七八十年代起，成果更为可观，研究的成果明显增加，一些新的研究方法和研究手段也在勃兴，学术界正在利用郦道元留下的宝贵财富从各个领域进行研究。

这一时期，中国台湾、香港的学者对郦学亦有不少的研究成果。

台湾这一时期研究成果最重要的是1971年由台北中华书局出版的《杨熊合撰水经注疏》一书。由于《水经注疏》最后定稿本已不知下落，所以此本是现存最为接近最后定稿本的了，可见其珍贵程度。

台湾的另一重要成果是《胡适手稿》的陆续发行。胡适这位文豪研究郦学的目的是为了重审戴赵相袭案，为戴震这位同乡翻案，这当然没达成，但他也为郦学作出了一定的贡献。胡适十分强调版本的作用，他收集了《水经注》各种刊本和钞本，曾举办过《水经注》版本展，搜罗的版本之全，无人能比。他还对各种版本作过考证，这些都有益于郦学的研究。

香港已故学界名宿吴天任是著名的郦学家，《杨惺吾先生年谱》是他的郦学研究名著，谱主即为杨守敬。《杨惺吾先生年谱》围绕《水经注疏》这个学术核心，在《邻苏老人年谱》的基础上，对谱主的事迹作了大量的增订，对近世“郦学”的重要事件亦作了详细辑录，并对疏校《水经注》的多宗学术公案进行了讨论。

1991 年由台北艺文印书馆出版的《郦学研究史》一书，是吴天任教授近年来郦学研究的又一部力著。该书是对郦学研究的全面而系统的总结，凡是古今中外涉足于郦学研究的学者，都被汇集到该书中来。此书涵盖了与《水经注》有关的全部时间跨度和所有的内容，更值得一提的是，还提出了今后《水经注》研究的方向，应引起学术界的重视。

由于《水经注》这部传世之作，声名远播，早在清代，国外的一些学者就已开始对其研究，并且发表了一些著作，如法国汉学家沙畹的《魏略所见之西域诸国考》；日本森鹿三的《水经注所引之史籍》《水经注（抄）》等等。可见《水经注》在世界上影响的深远。它的作者更是受到世界学者的推崇，日本学者认为郦道元是“中世纪世界上最伟大的地理学家”。原德国柏林大学校长、国际地理学会会长李希霍芬（1833—1905 年）称郦道元是“世界地理学的先导”，如此赞誉，郦道元当之无愧。

科学巨星——沈括

沈括（1032–1096年），字存中，杭州钱塘人，是中国历史上著名的科学家，也是北宋重要的政治改革家之一。沈括的研究领域涉及数学、物理、化学、天文、地理、生物、农学、医学、文学、史学、音乐等众多学科。他是横跨自然科学和人文科学两大领域的通才，他的著作《梦溪笔谈》更是被认为是中国古代百科全书式的优秀著作。

一、沈括其人

（一）沈括小传

在我国北宋时期，有一位博学多才、成就显著的科学家，他就是沈括。他精通天文、数学、物理学、化学、生物学、地理学、农学和医学；他还是卓越的工程师、出色的外交家；同时，他博学善文，对方志律历、音乐、医药、卜算等无所不精。他晚年所著的《梦溪笔谈》详细记载了劳动人民在科学技术方面的卓越贡献和他自己的研究成果，反映了我国古代特别是北宋时期自然科学取得的辉煌成就。《梦溪笔谈》不仅是我国古代的学术宝库，而且在世界文化史上也占有重要的地位，被誉为“中国科学史上的坐标”。

沈括生于官宦之家，父亲和祖父都曾任大理寺丞，他的母亲也是来自官宦之家。外曾祖父曾任刑部尚书，外公许仲容曾任太子洗马，二舅许洞（976–1015 年）不但是咸平三年（1000 年）的进士，也是军事名著《虎钤经》的作者（成于景德元年，共二十卷，二百一十篇，是一部综合性兵书，留存至今），这些家族背景对沈括未来的影响很大。少年时期的沈括随父亲宦游，得以见到各地的风物，在《梦溪笔谈》一书中有许多记录就是来自这一时期。12 岁时，父亲沈周在泉州为他延师，开展对礼乐制度的学习。18 岁至南京，他又对医药产生了极大的兴趣。

皇祐三年（1051 年）父亲沈周去世，三年后沈括因荫官成为沭阳主簿。在这段期间，他历任东海县令、宁国县令，他平定海州之乱，整治沭水和芜湖，

对于地方事务有深刻的体验，这对他后来推行新政有极大的帮助。

嘉祐八年（1063 年）沈括登进士第，于次年（1064 年）任扬州司理参军。治平三年（1066），沈括入京，任昭文馆编校。由于馆职闲暇，沈括开始研究天文和历法。到了熙宁五年（1072）沈括被任命为兼提举司天监，正式主持司天监的修历工作。这段期间，他整顿人事，推荐对历算专精的民间人士卫朴进入司天监参校新历，于熙宁八年修成《奉元历》。

鉴于编历时发现观测天象的准确十分重要，他发现司天监和翰林天文院所用的浑仪、浮漏和圭表准确度有问题。因此，他仔细研究后发表了《浑仪议》《浮漏议》《景表议》和《熙宁晷漏》等文，讨论并修订了这些天文仪器的误差。其后因制成新观象仪，随即在熙宁七年（1074 年）升迁为右正言，司天秋官正。右正言是八品官，担任的是谏诤之职，而司天监的秋官正则是正五品上的官职，相当于国家天文台的专员，可见朝廷对他才华的肯定。

熙宁年间王安石推行新法，沈括很快地投入到这一声势浩大的改革行动当中，他这一时期最关切的问题是军事、经济和外交。

熙宁七年九月，沈括任河北西路察访使，于次月再兼判军器监，在这一职位任职两年，撰写了《重定九军阵法》一书讨论军队的战术。为了建立更有效的城防制度，他又撰写了《修城法式条约》一书。

在王安石的保举下，他于熙宁六年出访两浙，并于两浙推行保甲法和青苗法。并于熙宁八年十月被任命为权发遣三司使，掌管邦国财用大计，对于盐钞、钱币、役法等财政事务贡献良多。

沈括于熙宁七年十一月出使辽国，由于对敌情的认识，他于次年三月在资政殿上奏揭发辽国争地无据的事实，并于次年闰四月再次出使辽国，六月归时，完成《使契丹图钞》。

沈括于元丰三年（1080 年）六月转任鄜延路经略，开始担任军事将

领。元丰四年（1081）春，西夏引兵来犯，沈括师出上郡，克强敌七万。但随即因徐禧专擅，执意兴建永乐城，西夏遂发兵三十万围永乐，以八万袭沈括所驻绥德。沈括虽以一万之众力克强敌，但终因永乐城之不保，被坐降为团练副使。

沈括在扬州任司理参军时，为淮南转运使张刍所赏识。因此，当沈括丧妻时，张刍遂将女儿许配给沈括，然而，张氏悍虐，根据《萍洲可谈》中的记载，她平时常殴虐沈括，并迫逐元配之子。居秀州时，甚至每年惊动官府，父子被控，吵闹不休。然而，沈括却不念于此，张氏死后，他曾投水寻短，于次年过世。

沈括的著作颇多，但目前存者仅十之一二，而存者又多为残本，尚可见有以下几种：

《图画歌》（存），《苏沈良方》（存），《乙卯入国奏请并别录》（残），《忘怀录》（残），《笔谈》（残），《补笔谈》（残），《续笔谈》（残），《长兴集》（残）。

亡佚书目如下：

《易解》《丧服后传》《乐论》《乐器图》

《三乐谱》《乐律》《春秋机括》《左氏记传》

《南郊式》《合门仪志》《熙宁详定诸色人厨料式》

《熙宁新修凡女道士给赐式》《诸敕式》《诸敕令格式》

《诸敕格式》《使虏图钞》《怀山录》《天下郡县图》

《清夜录》《熙宁奉元历经》《熙宁奉元历立成》

《熙宁奉元历备草》《比较交食》《熙宁晷漏》

《修城法式条约》《茶论》《良方》《灵苑方》《集贤院诗》《诗话》

沈括晚年在梦溪园认真总结自己一生的经历和科学活动，写出了闻名中外

的科学巨著《梦溪笔谈》和《忘怀录》等。宋哲宗绍圣二年（1095年）逝世。他一生著作多达几十种，但保存到现在的，除《梦溪笔谈》外，仅有综合性文集《长兴集》和医药著作《良方》等少数几部了。《梦溪笔谈》是中国科学史上的坐标，是沈括一生社会和科学活动的总结，内容极为丰富，包括天文、历法、数学、物理、化学、生物、地理、地质、医学、文学、史学、考古、音乐、艺术等共六百余条。其中二百余条属于科学技术方面，记载了他的许多发明、发现和真知灼见。

（二）沈括轶事

据说有一次，许多人议论白居易写的《游庐山大林寺》中“人间四月芳菲尽，山寺桃花始盛开”两句诗，嘲笑白居易写错了，理由是这首诗写于唐元和十二年四月九日，那时桃花已经谢了。可是沈括却认为，深山里气候比较寒冷，所以桃花比平原上开得迟，白居易尊重事实，没有写错。

还有一次，一些人看开封相国寺里一幅壁画，壁画上画着管乐队在演奏。有人说画家画错了，理由是管乐演奏者在吹四字音，可是那个弹琵琶的手指不是在拨四字音所在的上弦，而是掩着下弦。沈括仔细琢磨以后，钦佩地说：“这位画家太高明了，很精通音乐！”接着他亲身示范，并作了精辟的说明：“弦乐同管乐是不同的。吹奏管乐，手指按在什么部位就发什么音，是同时的；弹琵琶就不同了，手指先拨弦，然后才发音，也就是动作要比声音早。所以，演奏管乐的人在吹四字音的时候，弹琵琶的人的手指已准备拨下一个音了。”在场的人无不为沈括的高见所折服。

沈括不但办事认真细致，而且精通地理。

自从宋真宗以后，宋朝一直依靠每年送给辽朝大量银绢，维持跟辽朝暂时和平的局面，但是辽朝欺宋朝软弱，想进一步侵占宋朝土地。1075年，辽朝派大臣萧禧到东京，

要求划定边界。

宋神宗派大臣跟萧禧谈判，双方争论了几天，没有结果。萧禧一定说黄嵬山（在今山西原平西南）一带三十里地方应该属于辽朝。宋神宗派去谈判的大臣不了解那里的地形，明知萧禧提出的是无理要求，却没法反驳他。宋神宗就另派沈括去谈判。

沈括先到枢密院，从档案资料中把过去议定边界的文件都查清楚了，证明那块土地应该是属于宋朝的。他向宋神宗报告了此事，宋神宗听了很高兴，就要沈括画成地图送给萧禧看，萧禧这才无话可说。

宋神宗又派沈括出使上京（辽朝的京城，在今内蒙古自治区巴林左旗南）。沈括首先收集了许多地理资料，并且叫随从的官员都背熟。到了上京，辽朝派宰相杨益戒跟沈括谈判边界问题，辽方提出的问题，沈括和官员们都对答如流，有凭有据。杨益戒一看没有空子好钻，就板起脸来蛮横地说："你们连这点土地都斤斤计较，难道想跟我们断绝友好关系吗?"

沈括理直气壮地说："你们背弃过去的盟约，想用武力来胁迫我们。真要闹翻了，我看你们也得不到便宜。"

辽朝官员无法说服沈括，又怕闹僵了，对自己没好处，只好放弃了无理要求。

沈括带着随员从辽朝回来，一路上，每经过一个地方，就把那里的大山河流和险要关口画成地图，还把当地的风俗人情调查得清清楚楚。回到东京以后，他把这些资料整理起来，献给宋神宗。宋神宗很高兴，拜他为翰林学士。

沈括为了维护宋朝边境的安全，十分重视地形勘察。有一次，宋神宗派他到定州（今河北定县）去巡视。他假装在那里打猎，花了二十多天时间，详细考察了定州边境的地形，还用木屑和融化的蜡捏制成一个立体地图模型。回到定州后，沈括要木工用木板根据他的模型，雕刻出木制的模型，献给宋神宗。这种立体地图模型自然比绘制在纸上的地图更清楚。

宋神宗对沈括画的地图和制作的地图模型很感兴趣。第二年，就叫沈括编

制一份全国地图。但是不久，沈括受人诬告，被朝廷贬谪到随州（今湖北随县）。在那里，环境虽然很艰苦，但是他坚持绘制没有画完的地图，后来，他换了几个地方当职，也是一面考察地理，一面修订地图，坚持了十二年，终于完成了当时最准确的一本全国地图—《天下州县图》。

沈括是研究兴趣非常广泛的科学家。他在天文、历法、音乐、医药、数学等方面都十分精通。为了观察北极星的位置，他一连三个月，每天夜里用浑天仪观察，终于计算出北极星的正确位置。他晚年闲居在润州（今江苏镇江）的梦溪园，就把自己一生研究的成果记载下来，写了一本著作:《梦溪笔谈》。这本书除了记载他自己研究的成果外，还记录了当时劳动人民的许多创造发明，如毕昇的活字印刷术等。这部我国古代科学技术史上的重要文献，被誉为“中国科学史上的坐标”，沈括也因此成为我国古代杰出的科学家。

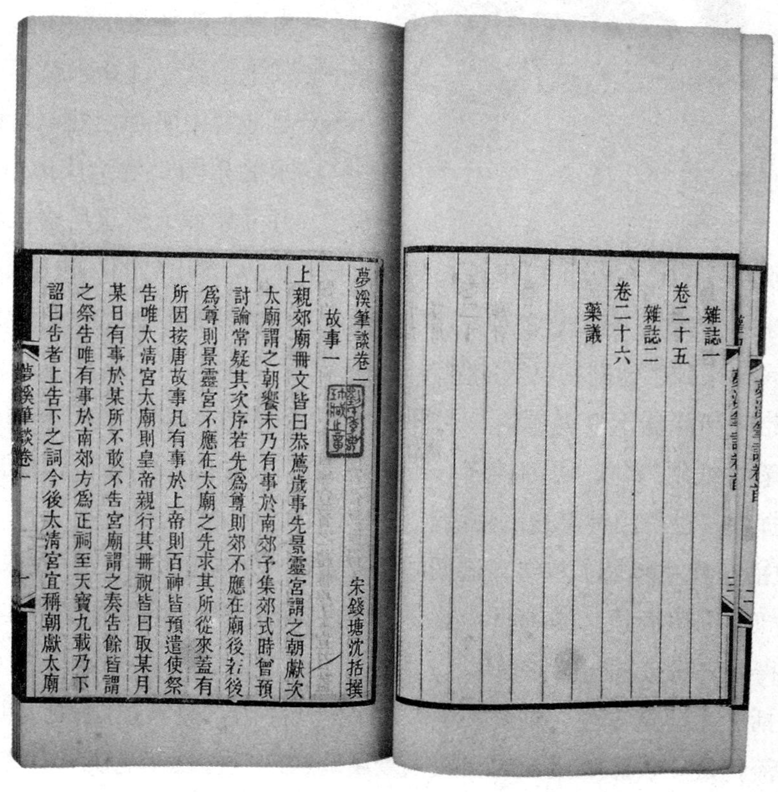

雜誌一
卷二十五
雜誌二
卷二十六
藥議

夢溪筆談卷一　宋錢塘沈括撰
故事一
上親郊廟冊文皆曰恭薦歲事先景靈宮謂之朝獻次
太廟謂之朝饗末乃有事於南郊予集郊式時曾預
討論常疑其次序若先爲尊則郊不應在廟後若後
爲尊則景靈宮不應在太廟之先求其所從來蓋有
所因按唐故事凡有事於上帝則百神皆預遣使祭
告唯太清宮太廟則皇帝親行其冊祝皆曰取某月
某日有事於某所不敢不告宮廟謂之奏告餘皆謂
之祭告唯有事於南郊方爲正祠至天寶九載乃下
詔曰告者上告下之詞今後太清宮宜稱朝獻太廟
夢溪筆談卷一

二、《梦溪笔谈》

沈括晚年的居所—梦溪园，位于润州（今江苏镇江）城东的朱方门外。据沈括自己说，他在三十多岁时曾经梦见一处景致，那里山水相映，花如覆锦，乔木遮蔽，是人间仙境，梦中乐园。熙宁十年，沈括被贬到宣州时，有位道士向他称赞润州京口山川之胜，他就花三十万钱在那里买下一处田园。之后，沈括因公务繁忙，一直没有去看过。直到元丰八年，他奉召途经润州时，第一次看见自己已购置多年的田园。眼前的园地景致令沈括兴奋不已，这正是他梦中所游之处，是他梦寐以求的乐园。他给庄园取名梦溪，并开始雇人修筑房舍以备将来居住。当沈括将自己经历十二年苦心研修而成的《天下州县图》进献给朝廷后，终于换来了宋哲宗“许任便居住”的特赦令。重新恢复自由的沈括立即携全家老少、僮仆来到了他向往已久的梦溪园。

沈括晚年深居于梦溪园中，几乎断绝了与外界的交流，终日寄情于山水之间，与笔墨纸砚为伴，所与谈者，唯笔砚而已。他或泛舟湖上，或垂钓水边，或抚琴挥墨，过着山林隐逸的生活。

沈括在梦溪园呆了八年，这期间朝廷曾授予他左朝散郎、守光禄少卿，分司南京（今河南商丘）的闲职，虽没有什么实际工作，也没有任何实权，但至少可以得到一份分司官的俸禄。

沈括一生博览古今，勤奋好学，对书无所不通，且著述颇多。但在众多著述中，流传最广、影响最大的当属《梦溪笔谈》（含《补笔谈》）。沈括在自然科学方面的成就也集中反映在这部著作之中。沈括晚年因永乐城陷被罢官后，就将全部的精力投入到《梦溪笔谈》和《补笔谈》的写作中，他对自己生平所

思、所见、所闻中重要的内容进行回忆、记录、整理，终于完成了他一生中最重要的著作。

（一）《笔谈》与《梦溪笔谈》

沈括正是凭着《梦溪笔谈》的影响而受到学者的极大关注，确立了他在中国乃至世界科技史上的地位。不过，他的这部名著在宋代共有两个书名，即《笔谈》与《梦溪笔谈》，当时称《笔谈》者更为普遍。在宋元时期影响较大的几部目录著作中，称沈括所著书为《笔谈》的有宋郑樵《通志略·艺文略》第六《小说》："沈存中《笔谈》二十卷。"元脱克脱等《宋史》卷二〇六《艺文志五·小说类》："沈括《笔谈》二十五卷。"称沈括所著为《梦溪笔谈》的目录著作有宋陈振孙《直斋书录解题》卷一《小说家类》："《梦溪笔谈》二十六卷，沈括存中撰。"元马端临《文献通考》卷二一六《经籍考》四三《子·小说家》："《梦溪笔谈》二十六卷中有：皇朝沈存中撰。"

沈括的这部著作究竟应该称《笔谈》还是《梦溪笔谈》？如何解释一部著作存在两个书名的现象？对此，清朝目录学家周中孚提出了"省文"一说，认为沈括的著作应该称《梦溪笔谈》，《笔谈》是《梦溪笔谈》的省称。

但上述史实说明，沈括笔记以《笔谈》为书名的版本在两宋时已广泛流传，《笔谈》并不是《梦溪笔谈》的省称。

沈括将自己的笔记定名为《笔谈》，这应该是最权威的证据。周中孚在没有进行细致考证的情况下，依据个人的主观推测，认为《笔谈》是《梦溪笔谈》的省称，这一观点显然是错误的。

既然沈括自题书名为《笔谈》，为何又会出现一部《梦溪笔谈》？《梦溪笔谈》又是如何

取代《笔谈》成为沈括笔记的正式书名且流传至今的？

这其中最主要的原因是，沈括晚年居于梦溪园，梦溪也就成了他的别号。宋代的文人士大夫好附庸风雅，在称呼他人时较少直呼其姓名，而是代之以字、号、官称等以表示对他人的尊重。这一点从两宋时期的大量文集、笔记小说中可以得到验证，如以字尊称王安石为王介甫，以号尊称朱熹为晦庵先生等等。古文句句相接，没有标点符号加以区分。当刊刻、引录某部著作时，作者的称谓与所撰书名就很容易紧密相连，浑然一体，如《杨文公谈苑》《丁晋公谈录》《王文正公笔录》等，这些书名的前半部分主要是表明该书的作者，却成为书名的一部分。同样沈括自题书名为《笔谈》，世人在谈及他的这部著作时称《沈存中笔谈》或是《梦溪笔谈》。存中是沈括的字，而梦溪则是他的号，这两种说法在当时应该都是可以接受的。

这种将作者的名号、别称等加进书名中的做法还是有可取之处的，它可以让人看见书名就知道作者，一目了然。《梦溪笔谈》的书名较之《笔谈》更加贴切，它用梦溪两字点明了书的作者，更容易为世人所熟知与接受。也许正是由于上述原因，才使得《梦溪笔谈》逐渐取代《笔谈》而成为沈括笔记的正式书名，以至于后人竟怀疑《笔谈》为《梦溪笔谈》的省称。

（二）《梦溪笔谈》的内容与价值

关于《梦溪笔谈》的成书时间，李约瑟博士认为该书完成于宋哲宗元祐元年（1086年）；胡道静认为该书撰述于元祐年间（1086—1093年），而且大部分是于元祐三年定居润州梦溪园以后写的；李裕民在此基础上又作了进一步的考证，认为在沈括迁往润州之前已基本完成了《梦溪笔谈》二十六卷本的书稿。初到梦溪园后，沈括又对原稿加以增修，成三十卷本。大约在元祐七年至八年

间，沈括又作《补笔谈》，作为三十卷本的补遗之作，后又有《续笔谈》。也就是说，沈括从永乐城败被罢官，软禁于秀洲开始，他就全身投入《笔谈》的写作。当他携全家迁往润州的梦溪园时，书稿已经基本完成。

《梦溪笔谈》全书原有三十卷，现存二十六卷。《补笔谈》和《续笔谈》出现得比较晚，明代的《稗海》初刻本《梦溪笔谈》中还没有《补笔谈》和《续笔谈》，直到重新刊刻时才被收入。《梦溪笔谈》的内容十分广泛，按现代学科分类来看，它覆盖了自然科学与人文科学两大领域。著名科技史家李约瑟曾按照现代的科学分科，对《梦溪笔谈》整部著作的内容进行分门别类的统计，列成三大类二十五个项目共计 584 条，具体如下：

表一　李约瑟《梦溪笔谈》分类表

总类	内容	条数	总计
人事材料	官员生活和朝廷	60	270
	学士院和考试事宜	10	
	文学和艺术	70	
	法律和警务	11	
	军事	25	
	杂闻和轶事	72	
	占卜、玄术和民间传说	22	

总类	内容	条数	总计
人文科学	《易经》、阴阳和五行	7	207
	数学	11	
	天文和历法	19	
	气象学	18	
	地质学和矿物学	17	
	地理学和制图学	15	
	物理学	6	
	化学	3	
	工程学、冶金学和工艺学	18	
	灌溉和水利工程	6	
	建筑学	6	
	生物科学、植物学和动物学	52	
	农艺	6	
	医学和药物学	23	
	人类学	6	
	考古学	21	
	语言学	36	
	音乐	44	

胡道静在《梦溪笔谈校正》中曾引录了李约瑟的统计，但同时指出，《梦溪笔谈》的版本非常多而且不同学者所统计的条目也略有出入。至于李约瑟是依据何种版本作出的统计，还不清楚。

胡道静在校正《梦溪笔谈》时，所依据的是1906年的陶氏爱庐刊本，原书共594条，经重新校定后定为609条，这一结果现已被大多数的学者所接受。关于全书的内容，胡道静在李约瑟的基础上作了更细致的分析与归类，新的统计分为人文科学、自然科学两大类，共二十八项。

表二　胡道静《梦溪笔谈》分类表

自然科学		人文科学	
类别	条数	类别	条数
数学	4	经学	16
天文历法	22	文学	34
气象	12	艺术	25
地质	11	法律	10
地理	16	军事	16
物理	5	宗教、卜筮	28
建筑	8	经济	21
水利	9	史学、考古	28

自然科学		人文科学	
类别	条数	类别	条数
生物	32	语言文字学	19
农学	8	音乐	44
医药	43	舆服	12
工程技术	16	典籍	17
地理	16	军事	16
		博戏	4
		杂闻、轶事	92
小计	189	小计	420

从上述二表中可以看出，李约瑟与胡道静在对《梦溪笔谈》内容进行分类时存在着一定的差异：其一，李约瑟将全书内容分为“人事材料”“自然科学”和“人文科学”三大类，而胡道静则将“人事材料”的内容进一步细化并分别

纳入“自然科学”“人文科学”之中。其二，在具体的条目归类方面，李约瑟统计的584条中归入自然科学的有207条，约占总条目的35%；而胡道静统计的条目为609条，比李氏多出25条，但属于自然科学的内容却只有189条，占总条目的31%左右，比李氏的统计数要少。其三，在各门学科的内容统计中，两表格也存在差异，如李氏表格中的数学、天文历法的条目分别为11条和19条，而胡氏表格中则分别为4条和22条。可见，李氏和胡氏在对《梦溪笔谈》的内容进行分析与统计时，还是有所不同的。

在对同一部著作的内容进行归类、统计时，不同的学者之所以得出不同的结论，这主要与沈括的博学多识及《梦溪笔谈》内容的广博有很大关联。随着社会的进步与科学的发展，学科的分类也逐步细化、具体。然而各学科领域之间并不是绝对隔离的，而是具有一定的相通性。《梦溪笔谈》中的许多条目所包含的内容都非常丰富，涉及的学科领域也很多，很难将其具体地划归某一学科。如沈括对“应弦共振”现象的实验与研究既是物理学上的成就，同时也体现出他在天文学上的贡献，而在具体计算过程中所运用的“圆法”“妥法”则属数学学科范畴；他对“秋石”炼制方法的记述既可归为医药学，又可归为化学类；在《梦溪笔谈》第134条中，沈括首先讲到医家的“五运六气”之术，属医药学内容，接着又记录了自己成功预报天气的情况，属于气象学内容，而天气又与农艺有着紧密的联系。《梦溪笔谈》中类似这样横跨多学科、多领域的条目非常多，很难将它们具体地归入某一学科门类。特别是“人事材料”内容多以记录历史、政治、人物为主，但其中也蕴含着大量人文科学、自然科学方面的信息。

此外，统计结果的不同也与学者在进行分类时对各条内容的理解以及侧重面的不同有关。李约瑟作为一名科技史家，他对《梦溪笔谈》中涉及科学技术史方面的内容更加关注，在他的统计数字中归入自然科学的条目也自然要多

一些。这从王锦光、闻人军《沈括的科学成就与贡献》一文中可以得到验证，该文统计出的科技史料共有 255 条，比李约瑟的统计多出了 48 条，约占全书的 42%。显然，由于学者在从事研究时的方法、观点以及侧重面的不同，所得到的结果也会有较大的差异。正因为如此，李约瑟进一步指出，若从广义的科学范围来看，《梦溪笔谈》中的科学内容几乎可以占到全书篇幅的五分之三。

表三　王锦光、闻人军《梦溪笔谈》分类表

内容	小类	条数	条数
自然观	阴阳五行	13	13
数学	数学	9	12
	度量衡	3	
物理学	物理学	19	40
	乐律	21	
化学	化学	9	9
天文学	天文学和历法	26	26
地学	气象学	10	37
	地理学	20	
	地质学	3	
生物医学	生物学	71	88
	医药学	17	
工程技术	工艺技术和冶金	13	30
	建筑学	10	
	农田水利工程	7	

《梦溪笔谈》是沈括一生在从事自然科学与人文科学研究方面的成就总汇，是对政治、人事、自然、人文、技巧、工艺等进行探索、阐释幽微的智慧结晶。书中所涉及的学科领域十分广泛，这从上述所列三张《梦溪笔谈》的分类表格中就可以清楚地看出。沈括在编撰《梦溪笔谈》时，按内容将全书划分为十七个门类：故事、辩证、乐律、象数、人事、官政、权智、艺文、书画、技艺、器用、神奇、异事、谬误、讥谑、杂志、药议。他在撰写《补笔谈》《续笔谈》时，也依此十七个门类分别追加记述。

沈括的《梦溪笔谈》如此受到世人的重视，这本身就证明了它的价值所在。它不但是中国科学技术史的宝贵财富，在世界科技史上也占有一席之地。《梦溪笔谈》的价值主要体现在全书内容的广博精深以及沈括在自然科学上的成就和在人文科学方面的真知灼见。

在自然科学方面，沈括的研究范围涵盖了数学、物理、化学、天文历法、气象、建筑、水利工程、生物医药学等众多领域。《梦溪笔谈》正是因为在科学技术方面的大量记载而备受世人的瞩目，有关科学技术的条目约占全书的五分之二甚至是五分之三。沈括对科学技术的记录有两个来源：一是他通过亲自观察、亲自实践等科学活动所取得的认识与成就。如他首创的“十二气历”是对传统历法的挑战，他的隙积术和会圆术开辟了中国传统数学研究的方向，他的海陆变迁及流水侵蚀理论被誉为富有创新价值的“卓识”等等。二是沈括对同时代人或是前人的科技发明加以忠实地记录。这中间最突出的就是他对布衣毕昇发明活字印刷术的记载，沈括以科学家的眼光敏锐地捕捉住这项创造发明的价值，并用科学家严谨的态度将它如实地记录下来。

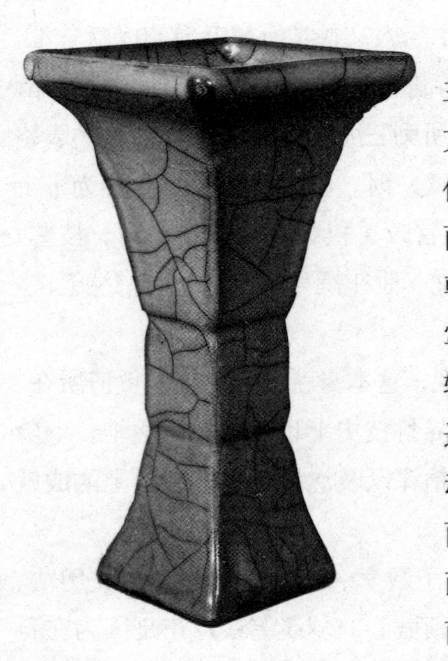

在人文科学方面，《梦溪笔谈》的内容主要包括：典章制度、财政、军事、外交、文学、历史、艺术、考古等等。这些内容不仅涉及的面非常广，所反映的学科知识的层面也十分丰富。如记典章制度，有本朝和前朝的官制、礼制、兵制、舆服、仪卫、文书、掌故等；叙财政，有盐钞、茶马、铸钱、均输法等；讲军事，有作战、阵法、兵器、屯边、筑城、运粮、战术、谋略等；在外交活动方面有详尽的宋辽双方边界记录；文学方面有精辟的诗文评论及诗作；叙艺术，有绘画、书法、乐理、乐器制造等。沈括对各方面均有独到的见解。《梦溪笔谈》还比较客观地记述了北宋一些重大的历史事件。如王小波、李顺起义，张皓在宋辽和议过程中的作用等，极具史料价值，可以纠正正史之偏见。

《梦溪笔谈》无论在科学技术史上，还是在人文科学研究领域都具有很高的价值，这是不争的事实。虽然书中的记载也存在一些错误，但是瑕不掩瑜，《梦溪笔谈》依然是一部极具学术价值的笔记，它被公认为是中国历史上笔记小说中知名度最高、影响最大的一部。该书以提供丰富的学科内容并具有很高的学术价值著称于世，被誉为中国古代百科全书式的优秀著作。书中所记录的各类学科的知识，反映了 11 世纪中国最新的科学技术成就。《梦溪笔谈》的巨大成功也为沈括赢得了无比的荣誉，他因此被誉为“稀世通才”。

（三）《梦溪笔谈》在国外的传播

人类的知识文化，总是相互传播、相互影响、超越国界的。一个民族的优秀著作，从来都是不胫而走，不受语言文字的限制。我们祖国那些宝贵的文化遗产，例如楚骚、《三国演义》、《红楼梦》、老庄之书、马班之史、李杜之诗，早就被翻译成多种外国文字，有的书还不止一个译本。现在就来讲讲 11 世纪的这部重要科学著作《梦溪笔谈》在国际上受到重视、研究和印播的情况。

《梦溪笔谈》中有一个篇章十分正确而详细地记录了世界上首先创造发明活字版印刷术的人物和情况，作为一条非常珍贵的技术史料而为国际上文化史界所注目、所引用，沈括的这部著作也就闻名于世。最早提到《梦溪笔谈》的，大概是法国学者斯丹尼斯拉斯·茹莲，他于 1847 年在巴黎出版的《亚洲杂志》上发表了一篇研究活字印刷术起源的文章，用法文翻译了《梦溪笔谈》的这段记述。

对《梦溪笔谈》做了最深刻研究的外国学者，应当说是英国的科学史家、《中国科学技术史》的著者、皇家学会会员、英国学术院院士李约瑟博士。他的巨著共七大卷，第一卷是总论，在这一卷里他对《梦溪笔谈》做了概括而又十分恰当的评述；以后许多卷是各门学科的专史，在这些卷里详细记述了《梦溪笔谈》中有关的条文，征引原文加以英译。李约瑟博士对《梦溪笔谈》做了认真的分析后得出一个结论，他认为《梦溪笔谈》的科学内容，广义地说，几乎占全书篇幅的五分之三，并断言沈括可以说是中国科学史中最卓越的人物，《梦溪笔谈》是中国科学史上的坐标。

首先把《梦溪笔谈》全部译为一种外国文本的，是一衣带水的日本学者经十五年的工作后取得的成就。日文全译本工作由京都大学人文科学研究所前所长薮内清博士在任时发起，组织了研究中国科学史的各门学科的日本学者二十多人，自 1963 年起定期攻读《梦溪笔谈》，做好翻译、注释的准备，其中包括田中谦二（关西大学教授）、吉田光邦（京大人文所教授）、北村四郎、北林四郎、渡边正等。直到 1966 年 6 月把两卷本的《梦溪笔谈校正》通读完毕。1968 年 1 月起着手进行沈括原著的国字翻译，由于这部著作涉及的方面广泛，学者们克服了很多的困难，进行了大量的核对，才逐条把译文确定了下来。日文译本分为三册，第一册于 1978 年

12 月发行，第二册于 1979 年 9 月发行，第三册于 1981 年 11 月发行。

在法国，著名的汉学家侯思孟教授对于沈括和《梦溪笔谈》也做了专门的研究，曾用英文写出论文，发表在荷兰出版的著名东方学刊物《通报》上，题为《沈括和他的〈梦溪笔谈〉》。

在美国，鲍德教授在 1942 年写的一本《中国对西方的贡献》里提到了沈括。近年来，美国的汉学界也重视中国古代科学文明的研究课题，费拉德尔非亚城宾夕法尼亚大学的南锡·席文教授也写了沈括的传记。

在意大利，有位汉学家瓦萨也研究过《梦溪笔谈》，他在 1915 年发表于《东方研究》上的《中国笔记》一文，共有五篇，其中第二篇至第五篇都是评价《梦溪笔谈》的内容的，它们是：第 340 条述宜兴陨星，第 307 条述活版印刷，第 304 条述僧一行算棋局都数，第 356 条述毕昇为方士王捷锻金。

《梦溪笔谈》宋本今已不存。此本据南宋乾道本重刊，尚可窥宋本旧貌，亦为现存最早版本。书为蝴蝶装，开本宏朗，版心极小，刻印精致，书品佳妙，在元代刻本中独具特色。元明时期秘藏宫廷，书中钤有“东宫书府”“文渊阁”等印。以后流入民间，为藏书家陈澄中所得。

三、科技成就

在宋代，我国古代科学技术的发展达到了一个高峰，沈括是攀登这座高峰的科学群英中的杰出代表。

《梦溪笔谈》所涉及的学科领域十分广泛，它不但是沈括平生科学研究成果的结晶，也记录了古代和宋代的科学技术成就，是对沈括所处时代最新科技水平的总结。时至今日，很少有人能全盘读懂《梦溪笔谈》所包含的各学科的专门知识，当代学者只能从各自所擅长的领域，对沈括所取得的成就或记载的科技知识加以剖析和认识，也有至今仍未能彻底揭示其寓意所在及科学价值的内容，需要继续探索。本章以《梦溪笔谈》为主要依据，在已有研究成果的基础上，对沈括在科学技术方面的成就及其贡献，按数学、物理、化学、天文学、气象学、地学、医药、工程技术、音乐等学科逐一进行评述。

（一）在数学、物理和化学方面的成就

宋代是中国古代数学最辉煌的时期之一。沈括的《梦溪笔谈》中有十多条有关数学的讨论，内容既广且深，堪称我国古代数学的瑰宝。

沈括最重要的数学探讨是隙积术和会圆术。所谓隙积，指的是有空隙的堆积体，例如堆积的酒坛、叠起来的棋子等，这类堆积体整体上就像一个倒扣的斗，与平截头的长方锥（刍童）很像。但是隙积的边缘不是平的，而中间又有空隙，

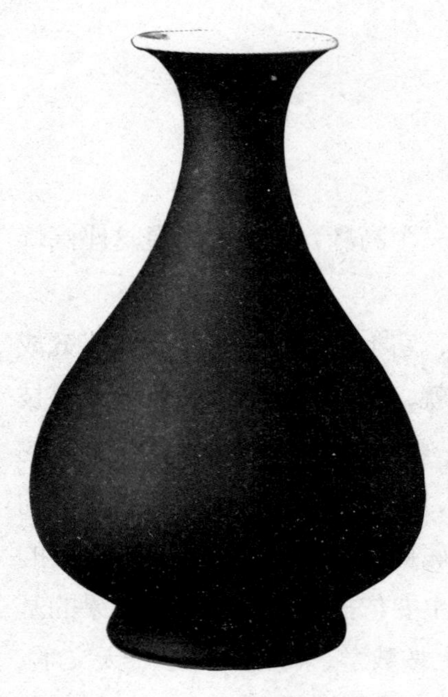

所以不能照搬刍童的体积公式。沈括经过思考后，发现了正确的计算方法。他以堆积的酒坛为例说明这一问题：设最上层为纵横各 2 个坛子，最下层为纵横各 12 个坛子，相邻两层纵横各差 1 坛，显然这堆酒坛共 11 层；每个酒坛的体积不妨设为 1，用刍童体积公式计算，总体积为 3784／6，酒坛总数也应是这个数。显然，酒坛数不应为非整数，问题何在呢？沈括提出，应在刍童体积基础上加上一项“(下宽－上宽)×高／6”，即为 110／6，酒坛实际数应为（3784＋110）／6＝649。加上去的这一项正是一个体积上的修正项。在这里，沈括以体积公式为基础，把求解不连续的个体的累积数（级数求和），化为连续整体数值来求解，可见他已具有了用连续模型解决离散问题的思想。

会圆术是对圆的弧矢关系给出的比较实用的近似公式，主要思想是局部以直代曲。沈括进一步应用《九章算术》中弧田的面积近似公式，求出弧长，这便是会圆术公式。沈括得出的虽是近似公式，但可以证明，当圆心角小于 45°时，相对误差小于 2%，所以该公式有较强的实用性。这是对刘徽割圆术以弦（正多边形的边）代替圆弧思想的一个重要佐证，很有理论意义。后来，郭守敬、王恂在历法计算中，就应用了会圆术。

在《梦溪笔谈》中，沈括还应用组合数学法计算得出围棋可能的局数是 3361 种，并提出用数量级概念来表示大数 3361 的方法。沈括还在书中记载了一些运筹思想，如将暴涨的汴水引向古城废墟来抢救河堤的塌陷以及用挖路成河、取土、运输，最后又以将建筑垃圾填河成路的方法来修复皇宫等。沈括对数的本质的认识也很深刻，指出：“大凡物有定形，形有真数。”显然他否定了数的神秘性，而肯定了数与物的关系。他还指出：“然算术不患多学，见简即用，见繁即变，乃为通术也。”

沈括在数学方面最重要的成果就是隙积术和会圆术。隙积术在我国数学史上开辟了高阶等差级数求和的研究领域，比国外计算高阶等差级数的公式早五

百多年，会圆术为我国球面三角学的发展奠定了基础。这两种方法，开辟了中国传统数学新的研究方向，对宋元时期中国数学的高度发展，功劳甚大。沈括在数学方面的精湛研究，使他成为一位伟大的数学家。

《梦溪笔谈》资料翔实可靠，科学性强，见解精辟。其中涉及物理学方面的内容主要有声学、光学和磁学等方面，特别是在磁学方面的研究成就卓著。

沈括在《梦溪笔谈》中留下了历史上对指南针的最早记载。他在卷二十四《杂志一》中记载："方家以磁石磨针锋，则能指南，然常偏东，不全南也。"这是世界上关于地磁偏角的最早记载。西方直到1492年哥伦布第一次航行美洲的时候才发现了地磁偏角，比沈括的发现晚了四百年。沈括在《梦溪笔谈》的《补笔谈》第三卷《药议》中又记载道："以磁石磨针锋，则锐处常指南，亦有指北者，恐石性亦不同。"沈括不仅记载了指南针的制作方法，而且通过实验研究，总结出了四种放置指南针的方法：把磁针横贯灯芯、架在碗沿或指甲上以及用丝线悬挂起来。最后沈括指出使用丝线悬挂磁针的方法最好。

在光学方面，《梦溪笔谈》中记载的知识也极为丰富。关于光的直线传播，沈括在前人的基础上，有更加深刻的理解。为说明光是沿直线传播的这一性质，他在纸窗上开了一个小孔，使窗外的飞鸟和楼塔的影子成像于室内的纸屏上面进行实验。根据实验结果，他生动地指出了物、孔、像三者之间的直线关系。此外，沈括还运用光的直线传播原理，形象地说明了月相的变化规律和日月食

的成因。在《梦溪笔谈》中，沈括还对凹面镜成像、凹凸镜的放大和缩小作用作了通俗生动的论述。他对我国古代传下来的所谓透光镜的透光原因也作了一些科学解释，推动了后来对透光镜的研究。

在声学方面，沈括在《梦溪笔谈》中精心设计了一个声学共振实验。他剪了一个纸人，把它固定在一根弦上，弹动和该弦频率成简单整数比的弦时，纸人就跳跃，而弹其他弦时，纸人则不动。沈括把这种现象叫做“应声”。用这种方法显示共振是沈括的首创。在西方，直到15世纪，意大利人才开始做共振实验。至今，在某些国家和地区的中学物理课堂上，教师还使用这个方法给学生做关于共振现象的演示实验。

《梦溪笔谈》中有关化学与化工的内容记录约有9条，沈括的成就主要表现在石油、冷光、胆水浸铜、炼钢、制盐等方面。

石油是当今世界最重要的能源之一，最先给石油命名的就是沈括。早在汉代，中国人已经发现了石油，如《汉书·地理志》上已有“高奴，有洧水，可燃”的记载，对石油资源的利用也早就开始了。但是关于石油的名称却极不统一，《汉书》称“洧水”，其他还有“石液”“石脂水”“石漆”“泥油”“火油”等等，名目繁多。沈括在《梦溪笔谈》中首次使用“石油”这一科学名称，是在准确把握地下矿藏属性、特性的基础上进行的高度概括。此后“石油”成为通行的名称一直沿用至今。

石油在宋代主要被视为制作猛火油的原料。在两军作战时，士兵将铁罐内的猛火油掷向敌军阵营以烧毁敌方的城楼、帐幕、船只或辎重装备。这在当时是一种比较先进的武器。《梦溪笔谈》中没有记录石油在军事上的作用，这也许是为了保守军事机密。北宋一直受到辽与西夏政权的军事威胁，两军对峙中宋军在武器上占有很大的优势。为确保这种优势，宋朝对武器制造技艺严格保密，规定军器监工内的工匠只能按口诀配方来打造兵器。用石油制造武器，这

在当时属于高度机密，沈括也不可能将制作方法记录下来。

沈括在开发石油的民用价值方面迈出了可喜的一步。他看见石油燃烧时冒出浓浓的黑烟，将房间内的帷帐熏黑，所谓“石油多似洛阳尘”。敏锐的直觉告诉他可以利用燃烧石油而生成的烟灰来研制石墨。他还给石油烟墨取了非常好听的名称：“延州石液”。一些士大夫在试用了沈括的“延州石液”后都赞不绝口。

《梦溪笔谈》还记载了化学发光和生物化学发光这两种自然现象，即所谓的冷光现象。沈括对自然现象的观察称得上是细致入微，在科学研究中注意相关资料的积累与归纳比较。沈括把不同时间、不同地点、不同人物所提供的冷光现象都逐一记录下来，并结合自己的观察与分析归于一则笔记，从而变成了一条具有较高科学价值的观察记录。

根据沈括的记录并结合现代研究来分析，“墙柱之下，有光熠然”的光是磷化氢在空气中自行燃烧所发出的光，而鸭卵“灿然通明如玉”的莹然之光，则是由蛋内荧光素在荧光酶的催化作用下与空气化合所发出的光。前者属于化学现象，后者则属于生物化学的范畴。虽然沈括还不能对发光现象作出合理的科学解释，但他在归纳分析的基础上总结出“物有相似者，必自是一理”的道理。

沈括还记录下了“胆水浸铜”（硫酸铜溶液炼铜）这一重要史实。胆水即

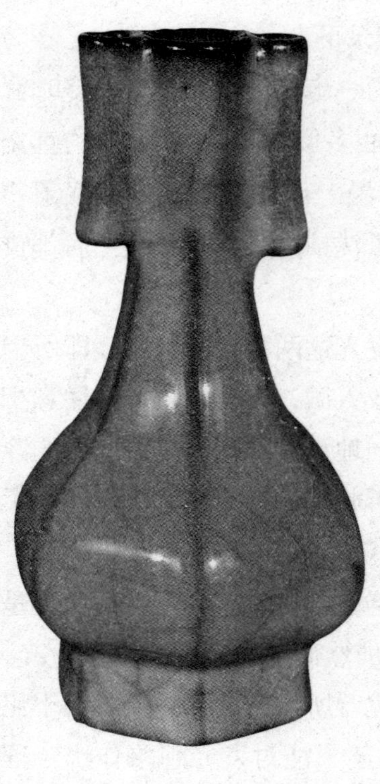

含晶水的硫酸铜，在11世纪初，人们已经观察到铁与硫酸铜溶液经过化学置换反应后可生成硫酸铁和铜，而沈括的记述则首次揭示了以胆水浸铜获取铁、铜的过程。后来，朝廷大规模地设场、监，利用硫酸铜取铜的方法炼铜，铸造社会流通的钱币。

沈括不了解“胆水浸铜”生成铜的化学原理，他用中国传统的“五行”思想来加以解释，认为“土之气在天为湿”故而推导出“土能生金石，湿亦能生金石”的观点。这是由科学发展的历史局限性所造成的。

宋代盐的种类甚多，沈括按照食盐的产生和性质将其归纳为四类：海盐、池盐、井盐及岩盐。这种分类法符合现代的食盐分类法。沈括还对解州盐池地区的气候特征和采盐方法作了介绍，对食盐的制作技术作了科学的总结。他意识到，制盐时掺入淡水有利于降低杂质，提高盐的质量，但是如果掺入浊水反而会使“盐不复结”。究其原因，沈括认为是大量胶着状的液体注入卤中后，在迅速沉淀的过程中会破坏食盐的结晶，“盐遂不成”。沈括对食盐结晶过程的观察分析以及对制盐方法的总结，至今仍具有一定的参考价值。

（二）在天文与气象学方面的成就

《梦溪笔谈》中关于天文历法的记载有26条，此外，沈括在提举司天监期间撰写的《浑仪议》《浮漏议》《景表议》等，也是天文观测仪器制造与使用方面重要的科技文献。沈括从治平三年开始天文学研究，很快就在“二十八宿”星象方面取得突破，形成独立见解。沈括在天文学方面的成就是多方面的，从天象的观测与记录、天文观测仪器的改进到历法的修订与理论总结等，他都作出了卓越的贡献。

在天文历法方面，沈括观测天象十多年，发现真太阳日长度不是固定的，

而是有长短变化的。“冬至日行速”“夏至日行慢”。冬至时太阳运行快（实际上是地球公转快），太阳在天上还没有运行到一周而刻漏浮标上所表示的一日已经到了，所以这一天实际上超过一百刻；而夏至时太阳运行慢（实际上是地球公转慢），太阳已经运行到一周而刻漏一日还没有到，所以这一日实际上不到一百刻。沈括的这一解析与近代天文学的结论是一致的。

沈括还进一步指出，太阳运行时间长短的变化是一个渐进的过程，不会突然出现大的改变。据研究，北宋时地球公转近日点、远日点与二至相近，沈括要直接测得真太阳日的长短变化，所用观测仪器的计时误差必须小于十秒。可见沈括自制的天文计时仪器的精确度已达到非常高的程度。

沈括在天文历法方面的成就，首推《十二气历》的制订。中国传统的历法是阴阳合历，节气和月份之间的关系不统一，由此产生一系列的问题：“或气至而时未至，或时至而气未至。”气是指十二节气，传统的农事活动主要是依据节气的变化来安排。而初一、十五仅表示月相，并无实际意义，但旧有历法却以月朔为主。气朔交争导致一月的节气与该月的朔相差很远，如春分、雨水都可能不在本月。这种本末倒置的安排容易造成混乱，极不合理。沈括指出，导致气朔交争的主要原因在于四时周期与月相周期不一致。为了达到使节气与月份相一致的目的，旧历中往往采用增加闰月的办法。因此在对旧有历法提出批

评的同时，沈括根据自己对天象的观察，大胆地提出了取消闰月，直接以十二节气为一年的新历法，称之为《十二气历》即太阳历。

沈括的《十二气历》，废除了阴阳合历中的置闰月之法，而根据十二节气(立春、惊蛰、清明、立夏、芒种、小暑、大暑、立秋、白露、立冬、小寒、大寒)来制定十二个月的历法。也就是以“十二气”为一年，而不是以十二月为一年。如以立春为正月初一，以惊蛰为二月初一，余按此类推。由于节气有长短，所以月份也有大小之分，大月三十一日，小月三十日，大小月相间隔。这样就不必再置闰月。尽管说沈括“永无闰余”的设想很难达到，但将月份与气节相统一则是完全可以实现的。由于月亮有盈有亏并会影响到海潮的涨落和胎育，沈括又主张在历书上注明月亮的圆缺。

沈括所制的《十二气历》属于阳历，既简单又实用，它在某些方面比现行的公历更优越。首先，它以节气来制定月份，这就使每年的季节固定，更加方便农事活动的安排。其次，《十二气历》不置闰月，且大月、小月相间排列，较为整齐。而现行的公历不仅有闰月，而且大月、小月之间的排列也不整齐，七、八两月是大月相连，二月则一般只有二十八天。因此说，沈括创立《十二气历》是历法史上一次重大的创新。竺可桢先生对沈括的《十二气历》给予了很高的评价，认为沈括所创《十二气历》“较现行历法合乎理想”且“最合老百姓所需”。

在天文历法方面，除了以上提到的《十二气历》外，沈括还有其他重要的成就。例如，他在对金、木、水、火、土五大行星的观测中，翔实地描述了五星的运行轨迹，生动形象地用柳叶描述五星因逆行而产生的轨道特征。开普勒最早提出行星是沿椭圆形轨道运行的，但沈括用柳叶描述五星运行的轨道特征与开普勒的研究成果非常接近，可见沈括的成就比开普勒要早几百年；值得关注的还有，沈括用自创的“圆法”“妥法”等计算方法，对真太阳的日长度进

行了计算；而且，他还对日月食进行了深入的研究，认为黄道与月道两者之间有一个交角，只有当黄道、月道运行到一个相交点上或是附近，日月食才会出现。在天文观测仪器方面，沈括设计改进了多种仪器，尤其是对漏壶的改进，在漏壶的发展史上占有重要地位。

天文学是一门综合性的学科，尤其在古代分工不细的条件下，天文学家既要掌握天文数学，又要懂得制作、修理观测天象的工具，还要兼备精湛的天象、历法等知识。其难度之大，非常人所能登攀。沈括是一位博学多识的学者，他所涉足的科学领域非常广。他在天文学方面的高深造诣和取得的成就越来越被世人所接受，在中国天文学史上占有重要的地位。

沈括是一位以富国强兵为己任、注重务实的官僚，也是一位兴趣广泛、学识渊博的学者，他对气象学也给予了极大的关注，花费很多精力来观察、研究天气的变化，在气象学方面取得了可喜的成就。其中有些成果在当时即发挥了作用，有的则给后世留下了可供借鉴或研究的珍贵资料。

沈括十分重视对风、雷、雨、霜、雹、虹、海市蜃楼等大气物理现象的观察和研究，也重视对天气的预测。面对众多在当时还无法解释的自然现象，古人往往用神怪、迷信观念予以解释，甚至将它看作是上天对人类的惩罚。而沈括作为一名科学家，他努力用自然界自身变化的规律来探究这些现象产生的根源，并且在吸取前人进步思想的基础上作出接近科学的解释，留下了许多珍贵的、有较高科学研究价值的记录。

如对海市蜃楼现象的记载：海市蜃楼是一种大气光学现象，它通过太阳光的折射和全反射把地面上的物体（如宫室、房屋、桥梁、行人或树木等等）显示在远处水面上或高处密度特别大的云层中，给人造成一种幻觉。在古人眼里，海市蜃楼就是可望而不可即、可遇而不可求的仙境。沈括在《梦溪笔谈》中对这种观点提出了质疑。他虽然不能对海市蜃楼的现象作出解释，但是已经意识到海市蜃楼是一种自然景观，这已经是非常难能可贵的了。

又如对雨后彩虹现象的分析：古人对雨后彩虹这一大气光学现象不了解，遂将彩虹视作“能入溪涧饮水”的神物。北宋科学家孙彦先认为：“虹乃雨中日影也，日照雨则有之。”但是他的观点并不被世人所接受。沈括在出使北辽的途中，对彩虹现象进行观察，发现彩虹有方向性：迎着太阳时看不见，只有背着太阳时才能看见。沈括在实地观察的基础上，对世间流传的“虹能入溪涧饮水”之类的怪诞说法加以否定，肯定了孙彦先“虹乃雨中日影”的观点，对世人影响较大。

沈括在长期观察天气的过程中，对大气演变的情况进行分析、归纳和总结，提出一些带有规律性的变化原则。他还利用自己在气象学方面的知识成功地进行了一次天气预测：在北宋熙宁年间，开封地区持续旱灾，晴而不雨，当天气转阴后人们都以为要下雨了，却还是赤日炎炎；而当大家都感到绝望时，沈括却果断地预言“期在明日”，第二天果然下起了大雨。这在当时是一项了不起的成就。

沈括不仅自己预测天气，还对民间的天气预测经验极为重视。《梦溪笔谈》中记录了一则民间的避风术。在江湖中行船的人最害怕遇上暴风，若毫无防备往往会酿成船毁人亡的惨剧。有一位经常乘船来往于各地的商人，在对天气作

了长时间的观测后总结道：夏天的大风多发生在午后，准备乘船出行的人早上五更天起来，若看见天上星月明皓，四周也没有云气的话，就可以放心乘船并赶在巳时前上岸，这样就不会遭遇风暴。据说这个办法非常有效，有人曾以此法行走江湖，未尝遇风。这种避风术，到现在还有实际的意义。

在气象方面，沈括还记录了雷电融化金属却不烧焦漆器的现象。沈括对雷电现象并不能给出科学的解释，但他没有把这种自然现象与上天的意志联系在一起，而是进行客观的、如实的记录，这是非常了不起的。

沈括在气象学研究方面视野十分开阔，《梦溪笔谈》中还记录了一些关于古今气候变迁、物候，还有高度、纬度与植物品种关系方面的内容，且多有创见。

（三）在地理学、医药学、农学上的成就

沈括在地理学方面也有许多卓越的论断，反映了我国当时地理学已经达到了先进水平。他正确论述了华北平原的形成原因：根据河北太行山山崖间有螺蚌壳和卵形砾石的带状分布，推断出这一带是远古时代的海滨，而华北平原是由黄河、漳水、滹沱河、桑乾河等河流所携带的泥沙沉积而形成的。当他察访浙东的时候，观察了雁荡山诸峰的地貌特点，分析了它们的成因，明确地指出这是水流侵蚀作用的结果。他还联系西北黄土地区的地貌特点，做了类似的解释。他观察研究了从地下发掘出来的类似竹笋以及桃核、芦根、松树、鱼蟹等各种各样的化石，明确指出它们是古代动物和植物的遗迹，并且根据化石推论了古代的自然环境。这些都表现了沈括可贵的唯物主义思想。在欧洲，直到文艺复兴时期，意大利人达·芬奇对

化石的性质才开始有所论述，比沈括晚了四百多年。沈括视察河北边防的时候，曾经把所考察的山川、道路和地形，在木板上制成立体地理模型。这个做法很快便被推广到边疆各州。熙宁九年(1076年)，沈括奉旨编绘《天下州县图》。他查阅了大量档案文件和图书，经过近二十年坚持不懈的努力，终于完成了我国制图史上的巨作《守令图》。这是一套大型地图集，共计二十幅，其中有大图一幅，高一丈二尺，宽一丈；小图一幅；各路图十八幅（按当时行政区划，全国分做十八路）。图幅之大，内容之详，都是以前少见的。在制图方法上，沈括提出分率、准望、互融、傍验、高下、方斜、迂直等九法。他还把四面八方细分成二十四个方位，使图的精度有了进一步提高，为我国古代地图学做出了重要贡献。

沈括对医药学和生物学也很精通。他在青年时期就对医学有浓厚兴趣，并且致力于医药研究，搜集了很多验方，治愈过不少危重病人。同时他的药用植物学知识也十分广博，并且能够从实际出发，辨别真伪，纠正古书上的错误。他曾经提出"五难"新理论，沈括的医学著作有《良方》等三种。现存的《苏沈良方》是后人把苏轼的医药杂说附入《良方》之内合编而成的。

沈括在农学方面亦有非凡的建树，这主要表现在农田水利建设、天气环境等因素与农作物的关系方面，特别值得一提的是《梦溪笔谈》中丰富的茶文化。

《梦溪笔谈》全书总计三十卷，其中《笔谈》二十六卷，《补笔谈》三卷，《续笔谈》一卷。书中记载了丰富的饮食文化内容，茶文化就是其中一个重要组成部分。《官政一》《官政二》《谬误》《杂志一》《杂志二》和《辩证》中都有丰富的茶文化内容。

对于茶叶的税收，沈括进行了细致的统计，对茶税进行了精确的计算，并对茶税收入划分为茶净利、茶租和交引钱进行了分类统计，给后人以重要的参考。在计算时他采用取数量居中的那一年或那个数字的统计方法，这样就让我们看到北宋时期的总体茶税情况。这也体现了他的科学思维。最后，他又对六

榷货务和十三山场每年买茶的数量与茶租，取数量居中的进行统计，其中十三山场中太湖场与石桥场的买茶数量与茶租较多。但是我们应该看到，无论宋朝的统治者茶税政策怎么变更，都始终是围绕自身的利益来进行的。

（四）在科技工程学、音乐学上的成就

中国古代的科学技术，在世界科技史上占有重要的地位。四大发明中除造纸术外，印刷术、指南针与火药都是在宋代得到进一步完善与普及的。值得称道的是，指南针技术的完善与应用，以及印刷术由雕版印刷到胶泥活字印刷的发展过程，都与沈括密切相关。

这里首先应当提出的是沈括所总结记载的劳动者毕昇、喻皓和高超的科学发明以及河北工人炼钢、福建农民种茶的宝贵经验，这些成果的出现与传播不仅在科学史上写下了光辉的篇章，与此同时，也为沈括的科学观提供了最有力的佐证。

印刷术是我国古代四大发明之一，是对世界文明的一大重要贡献。而毕昇所创造的活字印刷术，作为印刷术上划时代的重要革新，正是它的主要标志，它早于欧洲四百多年，沈括的这一记载不仅成为我们今天了解活字印刷术发明人毕昇的唯一原始资料，同时也是我们搞清我国印刷术由雕版印刷向胶泥活字印刷发展这一历史进程的主要依据。

喻皓是五代末至北宋初的著名建筑工匠，擅长建造木塔等高层建筑，曾负责建造过开封的开宝寺塔。在杭州梵天寺重建时，他不仅用“布板”“实钉”加强了结构强度，还科学地解决了木塔的稳定问题，所著《木经》是我国古代一部重要的建筑工程专

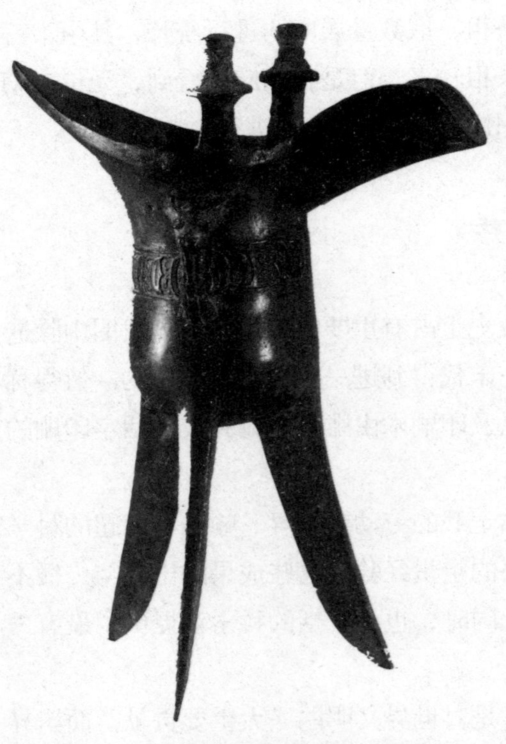

著，由于出自工匠之手，一直为历代封建统治阶级所鄙视，早已不存于世。沈括的记载是唯一可供后人参考的有关《木经》的宝贵资料。

高超是宋仁宗时富于实践经验的水工，当时黄河在商胡决口，洪水漫溢，泛滥成灾，而决口却迟迟不能堵塞。在此关键时刻，主持工程的官员均束手无策，而高超却大胆提出了三节作业的合理建议，经采纳实施后，终于巧合龙门，为解除黄河水患做出了重要贡献。

我国冶铁技术早在春秋战国时期即已跃居世界前列，不少先进的冶铁技术与加工工艺，一直在世界处于领先地位。《梦溪笔谈》中就记载了由汉族劳动人民发明的剂钢为刃、柔铁为茎干的蟠钢剑，灌钢和百炼钢工艺等，详尽描述了少数民族地区的冶铁技术。青堂羌族人民冷锻铁甲，加工简便，性能优异，是我国早期钢铁锻造技术的杰出成就之一。这种冷作金属硬化法，利用冷变形来提高钢的硬度与强度，同时钢表面没有斑点，光洁明亮，还可使钢锻得比较薄，迄今仍是强化金属的重要手段之一。

沈括对音乐也有很深的造诣，他著有音乐专著《乐论》一卷、《乐器图》一卷、《三乐谱》一卷、《乐律》一卷，但都已失传。现存他晚年的重要著作《梦溪笔谈》，其中关于音乐的论述，反映了他的音乐思想和在音乐学上的贡献，在中国音乐史上占有重要地位。

沈括在音乐学方面的成就和贡献，有如下几个方面：1. 对音乐声学一般原理作了科学的解释； 2. 对古代宫调理论及有关工尺谱字作了论述和整理； 3. 对乐器考古、乐器制造、演奏技术以及乐曲史料作了有价值的记录和评论，留下了数量甚多的生动而翔实的记载。

此外，他还留意于音乐表演艺术与歌曲创作艺术的探讨，例如“声中无字、

字中有声”的演唱经验。在创作方面，他指出某些人按谱填词时，不顾曲调所表现的情感而呆板地套用，是“哀声而歌乐词，乐声而歌怨词，故语虽切而不能感动人情，由声与意不相谐故也”。

沈括作为一位科学家，不肯因袭旧说，敢于破除迷信，重视科学实践和调查研究。他在音乐声学上有深入的探索和重要的发现，他在律学、宫调理论和音乐史实方面的记载和论述，对了解唐宋乐制的演变和音乐的发展有重要的参考价值。

四、历史评价

（一）在科学发展史上的地位

随着《梦溪笔谈》的问世和相关研究的不断深入，学者们无不惊讶于沈括的博学多识，以及对科学永无止境的探索精神。著名的英国科技史家李约瑟称《梦溪笔谈》为“中国科学史上的坐标”，并盛赞沈括是中国整部科学史中最卓越的人物。美国学者席文也对沈括作了比较全面而客观的评价，认为他的《梦溪笔谈》是每一个研究早期中国的考古、音乐、文艺批评、经济理论或外交的人必须参考的。沈括的成就涵盖了自然科学和人文科学两大领域。但在科学技术飞速发展的近现代，他在自然科学方面的贡献备受瞩目。沈括的科技成就归纳起来主要表现在以下诸方面：

首创隙积术和会圆术；对凹面镜成像理论的探讨与实验；首次提出“石油”的概念，对“石油”地质、产油区地表特征作了精辟阐释；建议采用《十二气历》，以太阳视运动作为计算依据；改良天文仪器，测得真太阳日的长短变化；最早记载磁偏角的存在；总结推广胶泥活字印刷技术；首次将“飞鸟直达”测量法运用于制图，并制造出最早的立体地图模型；对各种中医药方的收集和整理。

除了以上这些科学领域以外，沈括在《梦溪笔谈》中还记载了不少民间发明家的贡献。这在中国古代科学著作中是比较少见的，对于研究中国古代科技的发展具有重要的意义。例如毕昇发明活字印刷术，如果没有沈括的记载，我们可能也不会知道活字印刷术的发明者是谁。

此外，沈括对地质现象的解释，对风雨雷电等自然现象的探讨，对晶体的论述，对动植物形态和生态的描述等方面，都有许多独到的见解。

在人文社会科学方面，沈括所取得的成就也是非凡的。他是宋代金石学的开创者之一，他对考古学的兴趣，集中在考究制度、用途及其意义等方面，是对古代文化的追寻与弘扬。他对中国古代三大音乐高峰—雅乐、清乐、燕乐的研究，有独到之处，特别是对燕乐的研究最全面、最深入，贡献也最大。

他是北宋著名的书画收藏家和鉴赏评论家，他对写意山水画的推崇，以及绘画“当以神会”的审美观念，推动了宋代水墨写意山水画的繁荣及其在后世的发展。

他敢于冲破“重义轻利”的传统思想，重视劳动人民的斗争与创造，表现出进步的史观。

他提倡清新自然的文风，将科学与文学两者有机地融为一体，使《梦溪笔谈》成为一部言简意赅、文笔生动的散文集。

沈括之所以会成为中国科学史中最卓越的人物，不仅与他非凡的智慧、丰富的阅历有关，而且与他的科学思想、科学研究方法有关。沈括完全具备了成为著名科学家和学者的要素，这主要表现在以下四个方面。

第一，他具有强烈的好奇心和探索欲，这是每一位成功的科学家必备的素质。沈括对自然万物、对人文艺术的兴趣，在孩提时就已经充分显现出来。在正式开始从师受业后，沈括仍然抽出大量的时间学习掌握包括自然科学在内的各种知识。沈括自幼就随做官的父亲奔波于南北，成年后又到各地任职。所到

之处，他都要游历当地的名山大川，考察民风民俗，并虚心向民间的能工巧匠求教，真正实践着“读万卷书，行万里路”的为学之道。沈括正是在师法自然、求教百工的过程中，不断丰富着自己的学科知识。可以说，他对“学问”的认识，对“博学”的理解，在深受传统思想影响的士大夫中是十分少见的，也是极其可贵的。

第二，沈括具有敏锐的观察力、高度抽象的思维能力、严谨的治学态度和实事求是的科学精神。这些也是每一位成功的科学家所必备的。沈括善于用科学的眼光捕捉到一些细微的变化，善于发现有价值的信息和问题。他能在当时的科技条件下，在极微小的偏差下发现磁偏角的存在；他能在人们习以为常的现象中，概括出石油的地下矿藏性和特征；他对冰霜的形态、石膏晶体的观察与描述等等，无不显示出敏锐的科学观察力。这是沈括能够在科学研究领域取得突破性成就的最重要原因之一。当然，作为一位科学家，不仅要善于观察、发现问题，还必须具备解决问题的能力。这就需要有科学的思想和研究方法，沈括在这方面的表现也是极为出色的。沈括具有朴素的唯物论和辩证法思想，并以此来指导自己的科学研究，努力从哲学观上对前人的研究成果进行分析和总结，对所发现观察到的自然现象进行探究和解释。这在“重人而轻自然”的传统文化背景下显得十分可贵。沈括还具有高度抽象的思维能力，他的“格术成像”理论，即是最好的例证。此外，沈括的治学态度十分严谨，对于那些自己尚不能解决的问题，他一般不会妄加推测，而是实事求是地记录下来。

第三，沈括还有强烈的批判精神和创新意识。他不盲从前人的观点，反对将前人观点作为“定法”而全盘接受。他坚持“不胶一法”，敢于推翻不正确的旧说，大胆创新。他认为自然现象“率皆有法”，应该本着实事求是的原则和严谨的科学态度，去努力探索自然规律。在科学研究方面，沈括是非常自信的。他对于自己认为正确的结论敢于坚持，勇于承受各种非议。他坚信自己的《十

二气历》将来一定会被世人接受；他预见到石油的利用价值和开发前景；他对“海翻则塔影倒”观点的批评，对古代“云梦泽”的考订，对潮汐现象成因的推断等等，都体现出一位科学家所具有的执著与自信。可以说，执著的探索精神和坚定的科学信念，也是沈括走向成功的关键。这一切都基于他渊博的学识和科学的研究方法。

第四，沈括从事科学研究带有很强的“经世致用”思想。作为熙宁变法运动的积极参与者，沈括与一般政治改革家的不同之处就在于，他始终以富国强兵、资生利民的思想来指导自己的科学研究。纵观沈括一生的科技活动，他在农学、医学、数学、天文历法、地质矿产、地理交通、应用物理与化学等领域的研究，大多是从生产、生活的实际需要出发。数学往往被视为深奥的纯基础理论研究，但沈括从事数学研究有着强烈的实用色彩，用数学方法来解决农田水利、工程技术等方面的实际问题。他的隙积术与会圆术也是在解决实际问题的过程中创立的。古代中国是农业大国，从以农为本、以农立国的思想出发，沈括还特别重视对风、雷、雨、霜、雹等大气物理现象进行观察和研究，努力寻求预防天灾的办法，尽量减少灾害损失。可以说，在将科学研究与社会实践相结合，使科学更好地服务于社会大众方面，沈括为我们树立了很好的榜样。

沈括的成功是科学与政治相结合的一个典范。在宋代，很多士大夫都是从小学习科举，希望从此进入仕途。沈括起初并不热衷于政治，直到 23 岁时迫于生计才以父荫入仕。为了摆脱“十年试吏”的困境，32 岁的他才首次参加了科

举考试。进士登第成为沈括政治生涯的转折点，他用十年时间就成为管理国家财政的最高长官。政治上的成功也为沈括的科学研究提供了更多的机会和更大的动力，他的许多重要科学成就都是在这段时间内取得的，他的博学多识得到越来越多官僚士大夫的肯定。在传统社会中，虽然科技发明与创造的主体是那些从事具体劳动的民间工匠，但是他们往往因为社会地位低下而得不到应有的重视。事实上，如果不是沈括独具慧眼，发现了毕□胶泥活字印刷的价值，并加以记录、推广，这项人类历史上的重大发明很可能会被湮没，活字印刷术的诞生时间可能会被推后。

因此说，在11世纪的中国出现沈括这样一位著名的科学家，这既是传统社会政治、经济、科技、文化综合发展的结果，也是沈括个人才华和智慧的集中体现。沈括的成功对后世具有深刻的启示意义。但是，我们在称赞沈括的博学和成就的同时还必须看到，沈括作为一千年前的科学家，他的科学研究水平和认识能力，必然会受到所处时代的科学发展水平、科学思想的制约，沈括的研究还存在诸多问题。

在科学研究方面，沈括的某些研究结果存在缺陷，甚至是错误。具体而言，他用哲学上的“气”来解释日月食，认为“日、月，气也，有形而无质”。这一观点显然是不正确的。他对于日月食方位和食分大小的记载，“除了关于食既的几句外全都错了”。事实上，宋代许多学者对沈括的历法水平也大多持怀疑态度。沈括虽然发现了磁针有指南、指北的特性，但他没有进一步得出一切磁体都具有南北两极的肯定结论。沈括总结了人们对透光镜透光原理的解释，基本正确但还不完全，因为镜面能否透光还与抛光方法有关。如果镜面微有凹凸，光线照在上面，凸处和凹处反射光线的能力不同，也会产生透光的现象。沈括首次用实验揭示了声音共振现象，但只限于频率相同或高一倍的谐音，他对声

音协和关系的认识并不全面。此外，沈括在化石的判断上也有一些差错，《梦溪笔谈》中还有一些数学计算方面的错误。

沈括在科学研究方面的不足和错误，有的是受到当时科技发展水平以及科学思想的制约；有的则是他自己疏忽造成的。而繁忙的公务和广泛的个人爱好，也在很大程度上限制了他对科学研究的深入。

沈括的治学风格也具有中国古代学者的一般特点。作为传统社会中的优秀知识分子，他是集政治家、科学家于一身的学者。但从个人的经历来看，沈括首先应该是一名官僚士大夫，其次才是一位科学家。在将近三十年的从政生涯里，他怀着儒家入世的积极心态，尽心尽职地做好自己的工作，科学研究则一直是处于个人兴趣爱好的次要地位。尽管沈括早年并没有很强的做官愿望，但是当他真正踏入仕途后，传统士大夫强烈的使命感和责任感促使他将更多的精力投入到政治上，更加关注社会现实和百姓疾苦。在任职期间，沈括先后到过浙江、安徽、江苏、河北等地，还奉命出使北方的辽国，过着辗转各地、四处奔波的生活。沈括一生所担任过的官职也非常多，每到一个新的工作岗位，他所面临的困难和挑战都不尽相同，需要用知识和经验去面对、去解决。作为一名政治家，沈括过于强调科学研究服务于社会实践的功能性一面，他的许多有价值的创新活动，都是在处理政务、解决实际问题的过程中完成的。一旦问题解决，或是调换了新的工作，他原有的研究内容也基本停滞下来，他的科研重

点也相应地转移。这使得他的科学研究缺乏系统性。而且，在漫长的为官岁月里，繁忙的公务，频繁的工作调换，以及激烈的权力较量，都使沈括的精力受到很大牵制，不能专心于科学研究。

沈括自幼兴趣广泛，他所从事的研究领域非常多，上自天文，下至地理，无所不包。但是一个人的时间、精力毕竟都是有限的，即便是一位天才，也很难在所涉及的各个领域内都取得卓越的成就。在这一点上，沈括已经是一个非常值得骄傲的特例，他也因此被誉为中国历史上的“稀世通才”。然而研究面过宽，也使他的研究呈现出多点、多面的特点，缺乏更加系统深入的研究。“广博”与“精深”的矛盾，在沈括身上也不可避免地存在着。事实上，沈括很早就已经意识到“专”与“博”难以兼顾的问题，也希望自己能在精深方面有更大的作为。但他最终也没能很好地解决这一问题。从科学成就方面看，沈括的很多研究都是对前人成果进行补充、增订，或是记录、总结，真正属于他个人创新的内容相对比较少。究其原因，除去当时科技发展水平的局限外，主要还是他没能将研究更进一步地深入下去。

在科学思想和科学方法方面，沈括毕竟是生活在一千年前的学者，他的科学思想和研究方法虽然在当时的历史条件下是十分先进的，但他不可能像现在的科学家一样，从本质上去阐明物质的本性，去认识客观自然的千变万化。沈括的科学思想必然受到他所处的那个时代的局限，有消极、落后的一面，这是由社会历史发展进程所决定的。

沈括具有朴素的唯物论思想，但还处在自发的、非定型的阶段。他的思想深处，仍然存留着一些唯心主义的杂质。与当时许多进步的士大夫一样，沈括对佛教、道教也有一定的研究，他的思想中掺杂有佛学的“虚”“空”等内容，以及象数之学的神秘主义色彩。沈括强调事物的变化都有一定的内在规律，人

们通过观察研究可以探寻并掌握事物的发展规律。但是，当他面对一些无法解释的“人境之外事”时，往往会从唯物主义的立场后退到神秘主义，将其归于上天的意志。他曾经记录了熙宁年间河州地区降雨雹的情况：大小雨雹“悉如人头”，并将这一自然现象与宋军平定河州一事联系起来。显然，他并没能完全摆脱传统的“天人感应”说的影响。

因此说，沈括的科学思想不可避免地受到当时占统治地位的思想的影响，夹杂着封建性、神秘性的糟粕。面对一些难以解释的自然现象，他往往会游移于唯物与唯心、无神与天命之间，摇摆不定。正如美国科学史家席文所说：“沈括本人并不是按照把中国科学的各个领域紧密联系起来的方式，而是按照把今天可以看作是科学的东西和大致可以称之为迷信的东西密切结合的方式，来综合自己对它们的理解。这个区别是理解沈括思想的关键。”

沈括的科学方法体现了朴素唯物论与辩证法的统一，这在当时历史条件下是进步的、先进的，但其中也存在着一些问题。这与中国的科技文化传统有密切关联。同时，从另一面说，沈括的研究方法在某些方面已经对传统的思维模式形成挑战。他注重用归纳和演绎相结合、一般与个别相结合的方法，通过对同类事物及现象的观察分析，找出事物之间的内在关联，并从中概括出一般性的原理。他关于流水搬运理论、华北平原成因，以及延州地区古气候的推断等，即是最好的例证。沈括已经开始有意识地运用实验手段，力求在人工控制条件下获得确实的材料和数据。他在研究声音“共振”现象时，就设计了“纸人”实验。特别值得一提的是，沈括重视将数学方法运用于天文学、物理学等研究领域，用数学上的“妥法”和“圆法”来测定时间；用分层筑堰的水准测量法，丈量地势的高低

差值。希望通过对“真数”的把握，进而探寻事物变化发展的规律，使研究更加精确、可靠。这些都是沈括高于同时代中国学者的地方。

但是，沈括的研究方法始终没能摆脱传统思维模式的影响。阴阳五行说仍然是他用来观察、研究、解释各种自然现象的重要方法。因此，中国传统思维模式的缺陷在沈括的研究方法中依然存在。在有关雷电的记录中，沈括虽然已经注意到电击可以熔化金属，却不会烧毁漆器的现象，但是，他没能进一步将观察结果上升到理论层面，提出导电体和非导电体的概念。说明沈括的科技成果更多的还是停留在定性与经验的水平上，没有上升至理论的高度。

刘贷指出，沈括在各种科技上的发现和发明毫不逊色于西方的伽利略，但是他未能在此基础上建立起理论架构，而是在达到一定的层面后就裹足不前了，“以致伽利略式的科学纪元不会诞生在中国”。但是，这些并不能削弱沈括在中国古代科学发展史上的地位和影响，沈括无疑是那个时代最伟大的科学家。

（二）沈括的科学思想对我们的启示

在13世纪以前，我国的科学技术处在世界前列，这是世界公认的。沈括知识渊博，天文地理、政治文学无所不知，这是与他的科学思想和求知态度分不开的。他身上有许多闪光点值得我们学习。

1. 精心观察，仔细推理

物理是一门以实验为基础的学科。物理中的一些发现需要我们有敏锐的观察力和洞察力。据考证，沈括当时居住在长江中下游地区，那里的磁偏角一般不超过3°—4°。如果不经过长期细心实验观察，很难发现这点微小的偏差。遗憾的是我们现在的学生做实验时，不仔细观察，对一些数据的出入认为是误

差，而不认为是其他原因。有的甚至为了结论拼凑数据，这样会使许多发现从我们身边溜走。沈括对光的衍射现象的细心观察，留下了光学史上一笔珍贵的资料；在研究凹面镜成像时，他反复观察实验，得出比墨家更进一步的结果。

2. 艰辛付出，持之以恒

成功的道路是曲折和艰辛的，需要我们有足够的毅力去探索和等待。沈括为了测量北极星与北天极的真实距离，设计了窥管，每夜三次，连续三个月，反反复复画了二百张图，最后得出当时北极星"离天极三度有余"的结论。还有做晷漏实验十余年等等。他兢兢业业，坚持不懈的精神值得我们学习，正如物理学家钱学森所说："要想出成果我准备三年打基础，而年轻人觉得三年出成果太慢，很着急，可是做研究工作性急是不行的，基础打得不牢总要吃亏，一定要积攒下足够的看家老本，我们要在一定领域有所建树，必须有耐心和恒心。"

3. 治学严谨，怀疑批判

沈括发现磁针有时指北，不知什么原因就笼统说了磁石性质不同，没有妄下结论，其实在一千六百年前没人知道原因。他不迷信传统理论和观念，在他年轻时说"天下书不可坚信"。他亲自实践，通过长期考察批驳了卢肇认为海潮是"日出没所激而成"。所以我们不能全依靠课本，自己要刻苦钻研，物理上有很多未知等待我们去发现。沈括在物理上取得世人瞩目的成绩与他好学、不耻下问有关；他广泛调查，从一般百姓到隐居山林者都拜访请教过。沈括当时的许多实验就是用身边的一些器具做的。凹面镜成像经沈括亲自实验，得出符合现代几何光学的原理；用纸人验证共振比意大利达·芬奇早几百年。

4. 注重发明创造

在封建社会，许多文人认为发明创造都是工匠做的事，是雕虫小技，而沈括却不是这样，他绝不因其社会地位低微而有所藐视。在《梦溪笔谈》中，他介绍了编制《奉元历》的平民天文学家卫朴、发明巧合龙门压

埽法的治河工人高超、精通建筑技术的木工喻皓以及一些从事其他手工业劳动的匠人。其中最为人熟知和津津乐道的是他对“活字印刷术”的记载。他亲眼目睹了毕昇制作用于印刷的活字，并观看了印刷的全过程，将这项发明详细记载在他晚年所编撰的《梦溪笔谈》里面。其中，他讲到了活字的制作、排版、印刷、保存方法，让后人对于活字印刷有了一个全面的了解。正是沈括的《梦溪笔谈》一书，才让世人知道了这些发明者对人类发展和社会进步所作的贡献。

5. 注重环境保护

作为一个科学家和政治家，沈括对森林资源逐渐枯竭非常担忧，他发明了用石油烟制墨的方法，倡导用石油烟取代松木作为制墨原料，还号召人们树立爱林观念。他认为，除非是特殊需要，绝不滥伐，即使是为了制墨，也要尽可能地少伐或不伐，决不可以破坏森林。“石油”这个词，正是沈括最早使用并写进《梦溪笔谈》里的。

6. 勤奋踏实的治学精神

沈括之所以能成为在各方面取得卓越成就的科学家，靠的是勤奋踏实的治学精神。他以这种研究态度，经过十多年的观测，了解到昼夜时刻变化的规律，掌握不同季节的昼夜长短，认识到古人机械地平分一日为一百刻是不准确的，并第一次从理论上推导出冬至日昼夜一天的长度“百刻而有余”，夏至日昼夜一天的长度“不及百刻”的重要结论。勤奋踏实的沈括，随时随地都在审慎地、细致地观察自然界的各种现象。他对前人解释海潮是“日出没所激而成”表示怀疑。通过三个月的观察，沈括发现每当明月在正南或正北方时，海潮就上涨，百无一失。这样，他就否定了前人的说法。沈括敢于冲破传统观念束缚的创新精神以及注重实践、注重时效的科学态度值得后人颂扬和学习。

7. 谦虚坚韧的品格

沈括晚年在官场上受到排挤，心境不好，又有大病，但仍然坚持写完《梦溪

笔谈》。平时他常向其他人请教，医师、平民、士大夫、山林隐者他都会访问。

沈括对自然界总的看法，已由感性认识开始上升到理性认识。这些成就使他成为宋代科学最具代表性的人物。日本数学家三上义夫在《中国算学之特色》中对沈括有这样的评价："日本的数学家没有一个比得上沈括，像中根元圭精于医学、音乐和历史，但没有沈括的经世之才；本多利明精于航海术，有经世之才，但不能像沈括的多才多艺……沈括这样的人物，在全世界数学史上找不到第二个，唯有中国出了这一个人。我把沈括称做中国数学家的模范人物或理想人物，是很恰当的。"英国剑桥大学教授李约瑟在他的《中国科学技术史》一书中认为："沈括可算是中国整部科学史中最卓越的人物。"

沈括是我们学习的榜样，而榜样的力量是无穷的，他所做的一切对我们的心灵产生强烈的震撼。我们不光看到沈括在科学技术上的成就，更感受到他那种热爱科学、尊重科学、不断探索、勇于奋进的科学意识和科学精神。即使在今天，沈括实事求是的科学精神，重视实践和比较重视群众经验的态度仍然值得我们学习。

中西会通——徐光启

人们常常用“博览古今，学贯中西”这样的话来赞美学识广博的人，然而在中国漫长的封建社会中，真正虚心向西方学习的人不多，能做到“学贯中西”的人则更少。明代末期奸臣当权，倭寇侵扰，天灾频繁，同时也被人称为中国的“文艺复兴”时期。在这股重实用、重民生的思想解放浪潮中，徐光启无疑是一朵引人注目的“浪花”。

一、读书求学，开阔眼界

人们常常用“博览古今，学贯中西”这样的话来赞美学识广博的人，然而在中国漫长的封建社会中，出于种种原因，真正虚心向西方学习的人并不多，能做到“学贯中西”的人更少。而明代大科学家徐光启正是其中的佼佼者。

徐光启，字子先，明代松江府上海县人，生于明嘉靖四十一年三月二十一日(1562 年 4 月 24 日)。这是明代末期的动乱年代，奸臣当权，倭寇侵扰，天灾频繁，同时也是中国的“文艺复兴”时期。有识见的人们不满于道学家们的空谈说教，而希望把学问和国计民生结合起来，从而创造了一个学术和科学文化空前繁荣的局面。在这股重实用、重民生的思想解放浪潮中，徐光启无疑是一朵最引人注目的“浪花”。

徐光启的家乡上海县属于松江府，当地土地肥沃、物产丰富，经济相当繁荣，素有“鱼米之乡”之称。城内有居民三四万户，以纺织为生的手工业者有两千余人，棉纺织业十分发达，当时被誉为“衣被天下”。而依托新兴商港的兴起，上海县的商业、对外贸易也日渐发达。

然而，在动荡的明末社会，上海县也不可能是完全的人间乐土。从嘉靖二十五年（1546 年）到嘉靖三十二年（1553 年），倭寇数次入侵，肆意烧杀抢掠，严重破坏了当地的生产生活。而当倭患渐平，百姓结束逃难、准备在满目疮痍的废墟上重建家园时，接二连三的打击又向他们袭来。嘉靖四十年（1561 年）松江府及附近地区洪水四起，累月不退，导致秋收减产。第二年春，徐光启出生时，当地又发生严重春荒，青黄不接，饥民遍野。以后几年，记载在上海编年史上的依然是接连不断的灾害，接踵而至的台风、饥荒，百姓们在饥饿和死

亡线上挣扎着。徐光启幼年的遭遇，成为他脑中挥之不去的童年记忆，也成了他日后救国救民行动的强大动力。

给予徐光启以莫大影响的，除了时代环境，还有他的家庭。徐光启出生在一个自食其力的劳动者家庭。徐家曾因经商而致富，但到了徐光启的父亲徐思诚这一代，由于天灾人祸，加上徐思诚秉性慷慨，不计较金钱的支出，又不喜欢经商这种“锱铢必较”的行业，家道已然中落。为生计所迫，徐思诚硬着头皮务农，种庄稼以自给，而徐光启的祖母尹氏、母亲钱氏也像当时上海许多的劳动妇女一样，早晚不停地纺纱、织布，以补家用。徐光启的降生，给这个贫困却辛勤不辍的家庭带来了新的喜悦和希望。对这个聪颖、健壮、讨人喜欢的儿子，父亲自然非常喜爱，于是便为他取名为“光启”，期望他能耀祖荣宗，光大徐家门第。

尽管家中经济较为拮据，徐家还是想方设法凑了一笔钱送这个男孩入学读书。这样，徐光启从七岁起，便入村学开始接受传统教育。从《徐氏家谱》中记载的徐光启幼年的故事来看，他在同龄人之中表现得既淘气，又很有胆识。他就读的村学龙华寺有座古塔，塔上有一些鸽子窝，一天，徐光启一时兴起爬上塔顶捉鸽子，不小心失足从塔顶跌落下来。围观的人吓得大叫，而徐光启若无其事地站起来，对手里的鸽子说：“你还想绕着塔尖飞么？我费了好几天才捉到你哩。”冬天下雪时，他会爬到新筑成的上海城墙上，极目远眺城内城外的雪景。看得高兴时，他会在城墙上健步如飞地奔跑，早已忘记了寒冷和危险。

日益拮据的家境使年幼的徐光启不可能逐日无忧无虑地嬉戏玩耍。他看到祖母和母亲日夜操劳，看到父亲辛勤劳作在田间地头，心中便早早懂得了人世艰辛。在耕作之余，徐思诚喜欢到老农家拜访聊天，请教些农业生产知识。很多时候，他会带着儿子一起去，这在不知不觉中培养了徐光启对农业的感情。

贫困而又丰富多彩的童年生活，使他对自然产生了浓厚的兴趣，养成了强烈的好奇心和坚毅的性格，这些正为徐光启日后成为杰出科学家打下了坚实的基础。

同时，家庭又给予了徐光启另一种熏陶。倭寇骚扰时期的逃难生活给徐光启的祖母和父母留下了记忆的创伤，也成为他们给徐光启讲故事的素材。母亲钱氏一边摇着纺车，一边为徐光启讲述倭寇的凶残和百姓的颠沛流离，激愤时二人怒目圆睁，动情处母子泪光莹莹。父亲徐思诚喜爱阅读兵书，战乱时又接触、认识了一些抗倭名将，学到一些战守方略的专门知识，对当年的倭患自然有更深入的了解。劳动之余，他回忆往事，对着儿子慷慨陈词，徐光启也听得津津有味。这些童年经历培养了他对军事的兴趣和对国家命运的关心。在村学里，他和几名同窗聚在一起聊长大后的志向。有人说要经商赚钱；有人提出皇帝笃信道教，自己要当道士以出人头地；而徐光启则表示要走仕途，立身行道，治国治民，提倡正义，反对邪恶。抱负远大的徐光启在少年时已令人刮目相看了。

事实上，徐光启也正在不断向着自己立下的志向奋斗。他在村学时学习勤奋，成绩优异，在学业上已显露才华。经过十多年的刻苦学习，徐光启于万历九年（1581 年）考中了金山卫的秀才，向他的理想踏出了第一步。要知道，明代的秀才就是县学的生员，区别于普通百姓，有一定的社会地位，不但可以享受免粮免役的待遇，还可以得到官府的津贴，是走入仕途的预备阶段。春风得意的徐光启又迎来了人生的另一件喜事——这一年他与本县吴氏女成亲了。娶得贤惠的妻子，徐光启更加志得意满。

中国有句老话：“自古雄才多磨难，从来纨绔少伟男。”这恰是对徐光启人生的最好注释。顺利考上秀才，取得参加科举考试的资格的徐光启没有想到，此后的考试道路会困难重重。

从万历十年（1582年）到万历二十二年（1594年），徐光启参加了五次乡试，次次都空手而归。屡次乡试落第，不是徐光启学问不如别人，而是因为明代后期科举制度已然十分腐败，贿赂横行，徐光启无钱无势，自然走不得后门。不少主考官不学无术，多注重空洞无物的八股文，青睐华而不实的辞藻，而徐光启注重实用的学问，不被考官看好也是必然的。直到万历二十五年（1597年），乡试主考官焦竑慧眼识英才，录徐光启为解元，即第一名，徐光启才避免了名落孙山的命运，并和焦竑结下师生情谊，在历史上被传为一段佳话。

漫漫十五年的乡试之路，看着身边的好友个个中举而去，徐光启内心承受着巨大的压力。贫困的家庭一面要承受天灾侵袭下的艰难生活，一面还要为徐光启筹措赶考的费用。这一年，徐光启赶考走后，母亲钱氏常常从早到晚粒米未进，有一天在篱笆中找到一个干瘪的小瓜，才煮来充饥。徐光启为了节省费用，往往在赶考途中自己担着行李抄小路步行。遇到雨天，他更要在泥泞中艰难跋涉，赶到考场时已狼狈不堪。在这十五年漫长的应考岁月中，徐光启为了补贴家用，除了读书备考，还得外出教书。他先后到广东韶州、广西浔州两地官员家中教书，足迹遍及浙江、江西、广东、广西数省。两广之行除了让他体会到旅途艰辛、世态炎凉之外，还让他有了另外一种收获——结识了西方传教士。而这也将影响他的一生。

在徐光启去广东韶州之前，西方传教士已在当地定居，并建造了教堂。除了宣扬天主教教义外，传教士们还会宣传一些西欧地理大发现以来近代科学的成就，还会摆出一些钟表、仪器、地图等以吸引较有知识的读书人，来引起人们对欧洲和对天主教的兴趣。为了获得认同，传教士们往往会取个中文名字，还换上读书人的儒服。万历二十三年（1595年），徐光启到韶州教书时，就结识了这样的一位传教士，名叫郭居静。这是徐光启第一次见到蓝眼珠、高鼻梁的白种人，他既好奇又

兴奋，攀谈之中，又得知两人年纪相仿，便谈得更加投机。

从郭居静那里，徐光启听到了天主教的教义，了解到在中国之外，还有一个科学文明发达的欧洲存在，第一次接触到闻所未闻的西方文明，这些引起了他对世界形势的关心，增添了他进一步了解西方文化的兴趣。郭居静告诉徐光启，到广东来的传教士们的负责人叫利玛窦，是意大利人，很有学问，现在身在南京。徐光启决心找机会拜访利玛窦，亲自向他请教关于西方文明的诸多问题。而这时的徐光启并没有想到，日后他和利玛窦的相识将成为明末中西文化交流史上光辉灿烂的一笔。

二、融会贯通，译出名著

万历二十五年（1597 年）对于徐光启来说是幸运的一年，这一年他得到主考官焦竑的赏识，夺得了乡试第一名——解元。尽管第二年春天的会试失利了，徐光启还是开心地返回了故乡上海县，接受亲朋好友的祝贺。他在家中住了一年多，正忙于安排家计，忽然听到了恩师焦竑辞官的消息，大为惊诧。原来焦竑不但是个思想先进、爱才惜才的“伯乐”，还是一名为人耿直、疾恶如仇的官员。他遇到不平之事就直言不讳，得罪了执政的大臣，在朝廷上受到了排挤。对朝政失望之余，焦竑辞去官职，回到南京老家过起了隐居生活。徐光启闻听此事，立刻安排好家里的事，于万历二十八年（1600 年）春天前往南京看望焦竑。

南京是当时明朝的陪都，许多知名学者和文人都聚集在这里进行讲学，学术思想很活跃。于是天主教传教士利玛窦也在南京开展传教活动，并与焦竑结为了朋友。看到远道而来的徐光启，焦竑十分高兴，与他畅谈南京的风土人情、人文胜迹，不免也聊到了传教士利玛窦。焦竑送给徐光启一份世界地图作为见面礼物，令徐光启爱不释手。

徐光启得到的这张世界地图，最初称为《山海舆地图》，又称为《舆地山海全图》，是利玛窦于万历十二年（1584 年）绘制的，是中国最早引进的新型世界地图。万历二十八年（1600 年）应南京官员之请，利玛窦重新修订了这幅地图，并把它翻刻出来，在南京士人中流传。

这幅地图是以意大利米兰安布洛兹图书馆所藏世界地图为底本绘制的。地图上面明确标示出地球是圆的，图中绘有经纬度、赤道、五带，并正式介绍了五大洲的轮廓。地名都翻译成了汉语，还酌量附加了有关地理、物产等方面的说明。这张地图给当时的中国人一个全新的观念：地球是球形的，悬在空中，上下都有人居住；中国处于一块大陆之上，中国之外还有许多土地和许多国家。当时距哥伦布发现新大陆已有八十余年，周游地球的人已为数不少。而包括徐光启在内的绝大多数中国人仍遵循传统，认为整个世界是“天圆地方”的，明朝在世界中央，是唯一的“天朝大国”。利玛窦的这张世界地图，让中国许多思想开明的知识分子开始睁开眼睛，注目世界。

徐光启看到这幅地图，顿感耳目一新，眼界大开，对五大洲的分布，对世界各国的疆域有了较为清楚的了解，从而激发了他了解西方、寻找科学真理的愿望。再加上他在广东韶州教书时已听说过利玛窦，便决心趁这次来到南京的机会，上门拜访这位外国传教士。结果两人一见如故。利玛窦室内琳琅满目的摆设、各种奇形怪状的科学仪器深深吸引了徐光启。两个人从天文到地理，从日食、月食到经纬度，从数学到绘图学，谈得十分投机，利玛窦还时不时穿插讲一些天主教的教义。虽然徐光启这时还没有下决心入教，但已深深地被这位年长他十岁的传教士吸引住了，日后回乡时仍念念不忘。

三年后，徐光启又一次到南京专程拜访利玛窦，可不巧的是，利玛窦已上北京了，另一位传教士罗如望热情地接待了徐光启。罗如望认真而又虔诚地向徐光启解说了天主教的教义，并送给他两本利玛窦写的书：《天主实义》和

《天主十诫》。在这两本书中，利玛窦从中国古代典籍中找到一些关于“上帝”的记载，并“证明”此“上帝”与“天主”是同义词，以此来更有效地劝说中国的读书人入教。徐光启读完这两本书后，表示愿意加入天主教。罗如望便为他行了洗礼，让他成为正式的天主教徒，取教名为“保禄”。这样，徐光启与传教士的关系更加密切了，他吸收西方先进科学思想的方便之门也打开了。

万历三十二年（1604年）徐光启来到北京参加会试，考上了进士，又通过几次分配性的考试，进入翰林院做了庶吉士。要知道，翰林院在当时可是培养高级官员的地方。除了考取进士的前三名——状元、榜眼、探花可以直接进入翰林院做官外，其他进士还得通过考试，成绩优异的才能入翰林院，称为“庶吉士”，类似于现在的研究生。他们还需要在翰林院读三年书，定期做文章。三年学成，经过考试，成绩优良的便可分配到重要的官职，前途不可限量。

进入翰林院的徐光启，生活和学习条件得到了极大的改善，不必为养家糊口而东奔西走。他把自己旺盛的精力投入到学习中，学那些“治国平天下”的学问，学那些富国强兵的经世致用之学。同时，思想敏锐的徐光启，决定利用利玛窦也在北京的机会，向他请教西方的科学技术。

徐光启在翰林院攻读之余，常常徒步到利玛窦的住处去，向他请教西方科学，求学态度十分真诚。后来，徐光启索性在教堂边租了一间房子住，以便于向利玛窦请教。他在翰林院当庶吉士这三年，几乎天天与利玛窦见面讨论学问。除了天主教教义，二人谈得最多的便是西方的科学技术发展情况。徐光启向利玛窦学习的范围很广，西洋的天文、历法、数学、火器，甚至西方逻辑学等，只要是利玛窦能教的，他都有兴趣学习。徐光启把利玛窦的学问归纳为两大类，大的是“修身事天”，即关于天主教教义的知识；小的是“格物穷理”，实际上是指自然科学知识，徐光启称之为“小学”，从后者又派生出数学。徐光启自称竭尽全力“传其小者”，可见他的主要兴趣，仍是在西方的自然科学。

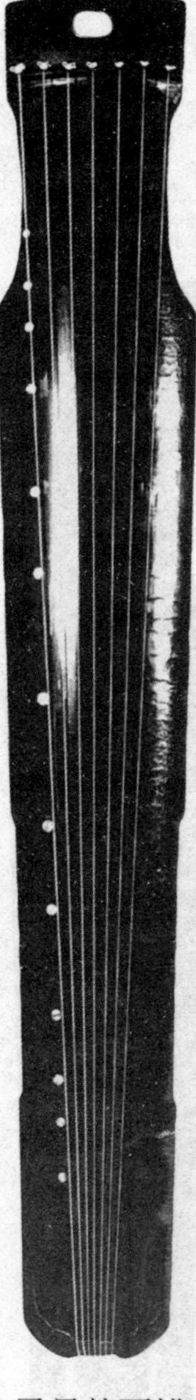

在与利玛窦交谈的过程中，徐光启认识到了数学在众多学问中的重要作用。他认为，有了数学做根基，别的科学研究都会触类旁通。他打了个比方："数学好比工人盖房子时用的斧头和尺子，而天文、历法等其他科学知识犹如盖房子时用的其他器具，倘若连斧子、尺子都还没有，其他器具的使用，便无从谈起了。"所以，徐光启主张先翻译西方的一本基础性的数学读本，几经考虑，他最终选择了《几何原本》，并认为："此书未译，则他书俱不可得论。"

为什么会选择这本书呢？原来《几何原本》是古希腊的一部数学教科书，公元前三百年前后由古希腊数学家欧几里得著成。这本书逻辑推理性强，结构科学严谨，集几何学的大成，是对古希腊数学的总结和升华，在西方被认为是用数学书写形式和思维训练的经典著作。作为欧洲中世纪一本最流行的数学名著，《几何原本》曾被译为阿拉伯文、拉丁文等各种文字译本，是世界上除了《圣经》之外被翻译得最多的一种著作。利玛窦在罗马神学院的老师、德国数学家克拉维曾将拉丁文本加以注释说明，题为《欧几里得原本》。利玛窦带到北京来的，就是这本书。

利玛窦初到中国之时，就有过要翻译《几何原本》的念头，但碍于种种困难，数次动笔又数次停笔，深知其中的甘苦。当徐光启提出要翻译此书时，利玛窦详细叙述了翻译的实际困难和自己的几次失败经过。他告诉徐光启：中国和西方语法不同，词汇不同，首次翻译拉丁文的数学书，许多专用名词在汉语中都没有现成的，无成规可循。利玛窦认为自己的汉语底子虽然不错，照着原本宣讲，还勉强可以讲明白，但要逐字逐句地翻译，就非常晦涩，让人很难理解了。

面对犹豫不决的利玛窦，徐光启信心十足地说："我们的祖先有一句名言：'一物不知，儒者之耻'。既然我知道世界上有这本书，又遇到你这位老师可以随时请教，怎么能知难而退，让这本书在我辈手中失传呢？"他还豪迈地表示，"如果害怕困难，困难就会越来越大；迎着困难而上，困难反而会越来越小，只

要不怕困难，这本书一定可以翻译成功。”在徐光启的再三请求下，利玛窦终于同意合作翻译《几何原本》了。

万历三十四年（1606 年）秋，二人正式合作译书。徐光启每天下午三四点钟完成翰林院的功课之后，就会赶到利玛窦那里，风雨无阻。利玛窦一句句地讲解着书上的内容，有时，他还要停顿下来，皱着眉头，为寻找合适的说法而对书沉思。徐光启则一句句地记录，遇到不明白的地方，还要虚心地询问。北京秋冬的夜晚，又长又冷，但二人的室内常常出现热烈讨论的场面。许多数学上的专用名词，如直角、锐角、钝角等，在汉语中原本是没有的，经过两个人多次推敲，才确定下来。许多章节，两个人都反复重译，力求文字准确妥帖，通俗易懂。直到夜深了，徐光启才冒着凛冽的寒风，带着译稿回家，此时的街上已万籁俱寂。回到自己的寓所之后，徐光启还要再把当天的译稿加以整理、修改、润色，不知不觉已工作到半夜。

时光流逝，转眼间已到第二年的春天，徐光启与利玛窦合作译完了《几何原本》的前六卷。初稿译出后，徐光启不顾劳累，又修改了两遍。这样，从万历三十四年（1606 年）到万历三十五年（1607 年），经过近一年的努力，三易其稿，徐光启终于用明快流畅的文字完成了前六卷的翻译工作。按照徐光启的想法，还要与利玛窦合作译完全书。但利玛窦忙于传教，抽不出时间，他建议把译好的前六卷先刻印出来，听听各方面读后的反应，再继续翻译也不迟。同时，徐光启也考虑到自己在翰林院任庶吉士的三年期限将满，会面临一次分配官职的重大考试，需要时间精心准备，也就同意了利玛窦的提议。于是，两个人各写了一篇序，刻板付印。利玛窦写的序介绍了欧几里得，对翻译这本书的经过也有所叙述。徐光启写的序，以他渊博的自然科学知识，正确地估计了数学的价值，第一次向中国科学界说明了几何学的本质，并向中国的

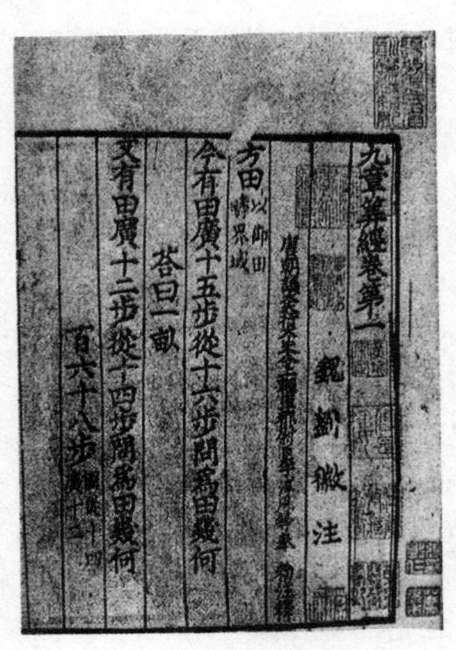

九章算經卷第一

魏 劉徽 注

方田 以御田疇界域

今有田廣十五步從十六步問爲田幾何

荅曰一畝

又有田廣十二步從十四步問爲田幾何

百六十八步

知识分子大力推荐这本书。

《几何原本》的这份中译本，可以说译得相当成功。我国近代著名学者梁启超曾称赞该书："字字精金美玉，是千古不朽之作。"拿这本书的题目来说，它的拉丁文译本原称为《欧几里得原本》。欧几里得是人名，但如果直译为《原本》则不像一部数学书的名字。徐光启创造性地加了"几何"一词，成为《几何原本》。几何，是汉语固有的词汇，原来只是一个虚词，徐光启借用它来代指一切度数之学。经徐光启使用后，至今已成为数学上的专用名词。其他如点、线、面、平行线、直角、钝角、锐角、三角形、四边形等等，都由徐光启使用后确定下来。徐光启创造的这一套数学名词、术语，十分切合它们本身的意义，所以很多为后世所采用。

徐光启为翻译《几何原本》所倾注的巨大热情，表现了这个博学的科学家的慧眼。他认为这本书体现出来的逻辑推理的说服力和科学结构的严谨性，能弥补中国古代数学理论的不足。他为此写了《几何原本杂议》，大声疾呼："能精此书者，无一事不可精；好学此书者，无一事不可学。"他还断言，百年之后，必定人人都要竞相学习，而且一定会后悔学得太迟了。他的话在后代有了应验。清代中叶，当我国知识界掀起向西方科学学习的热潮时，《几何原本》成为新办洋学堂的数学课本。清代数学家李善兰和英国传教士伟烈亚力又合译了该书的后九卷，此书得以完备，其沟通中西文化的重要作用得以更加凸显。

除了合译《几何原本》外，徐光启和利玛窦在数学领域合作的另一成果是《测量法义》一书。顾名思义，这本书是一本用几何方法讲述如何测量事物的高深广远的书。原稿是利玛窦在十多年前编成的，只有一些关于测量方法的说明，不成系统。《几何原本》问世之后，徐光启觉得有必要参考中西方几何学的方法，重新整理这部草稿。于是，徐光启从万历三十五年（1607 年）开始着手整理修订这些草稿，大约到了万历三十六年（1608 年），《测量法义》成为定稿。这部书最可贵之处，在于徐光启把我国古代数学名著《九章算术》和《周髀算

经》中提到的传统数学测量方法，和古希腊数学之祖欧几里得的西方测量方法有机地结合起来，这是中西文化交流的又一项成果。

继《测量法义》之后，徐光启还受《几何原本》的启发，编写了《测量异同》和《勾股义》两部数学著作。在这两本书中，徐光启指出，中国传统的测量法，只说出结论如何如何，而没有说明为什么会有这样的结论，而且崇尚空谈的社会风气已使当时的数学研究大大停滞了。所以徐光启力图用《几何原本》中严密的理论体系，去说明中国传统数学著作中的道理，把中国和西方的数学传统，进行了比较研究。可以说，这是一项很有意义的创造性劳动，这种中西方法融会贯通的研究，使我国的数学研究水平大大提高了。

更为难能可贵的是，徐光启的目光不仅仅停留在书本的理论上，他还富有远见地认为中西会通的测量方法将是治理农田、开发水利的一项法宝。这个开中国风气之先的说法，果然在若干年后，促进了农业的发展，收到了巨大的经济效益。

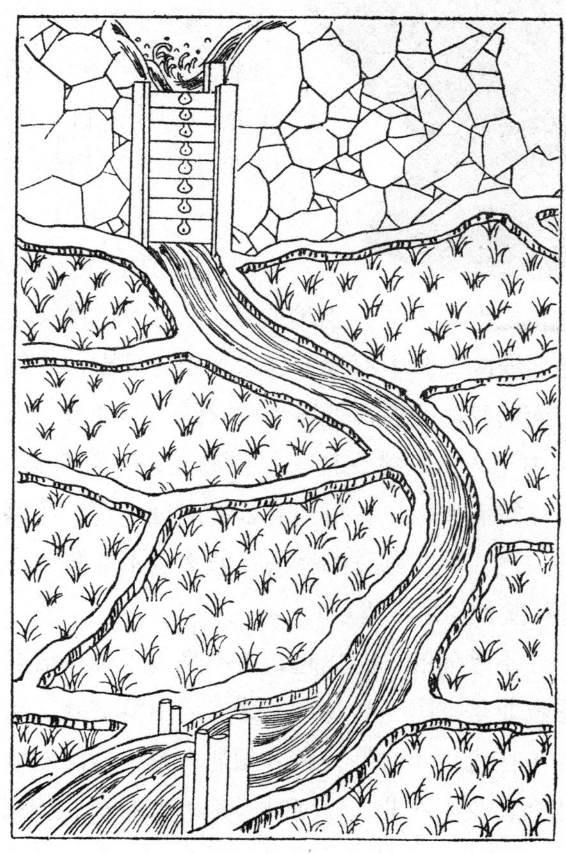

三、勇于实践，“京官”务农

万历三十五年（1607年）初，徐光启结束了作为翰林院庶吉士的三年学习生活，正式步入仕途。由于他一向勤奋学习，毕业成绩优异，因而被授予翰林院检讨的官职。能在体面、尊贵的翰林院工作，可谓前途一片光明。

当徐家上下还沉浸在喜悦中时，一件不幸的事发生了。这一年的四月二十八日，徐光启的父亲徐思诚在京城病逝。承受着巨大悲痛的徐光启向皇帝递交了解职还乡的奏折。这是为什么呢？原来按照中国古代的礼制，父母去世，做官的儿子要解职回乡守丧，闭门谢绝应酬，以二十七个月为期，通称为“三年在籍守制”。于是，这一年的八月十六日，徐光启护送父亲的灵柩南下，回到家乡上海县，直到万历三十八年（1610年）才回京复职。

这时的徐光启作为“京官”，在上海县城内的社会地位已经很高了，当地的官员、乡绅们都等着一睹他的风采。然而，每一次当地名流的聚会中都找不到徐光启的身影，人们纷纷猜测他的行踪。而在上海县城南门外康衢里一处名为“双园”的地方，人们时常会看到一位身穿麻布孝服的中年人，肩挑粪桶，手拿锄头，赤着双脚，在田地里施肥、锄草，劳作不休，忙得满头大汗。每当乡亲们走过，看到茂盛的庄稼，不禁会投来羡慕、尊敬的目光。偶尔路过的行人，怎么也不能想象，在这里劳作的庄稼汉，竟是贵为翰林院检讨的徐光启！

徐光启务农，并不是他的一时兴起，更不是为了标榜清高，而是基于他清醒的认识——兴盛农业是富国强兵之本。徐光启出身贫寒，从小就跟着父亲参加过农业劳动，加上在青少年时期，家乡频遇灾荒，他深刻体会到农民忍饥挨饿的痛苦，因此他立志改革农业，任何时候都不忘对农业和农学进行研究。他

为自己取了个号，叫“玄扈”，因为我国古代把督促农桑的候鸟称作扈，他选这个字为号即表示要重视农业生产。早在 20 岁左右时，他就注意农田水利的兴修，关注家乡水道的流向，还亲自测量过家乡周围河道的宽窄以及河底的深浅。这时的徐光启还善于经营规划，曾有一块长满杂草的水淹地，乡亲们都认为是没有利用价值的荒地，徐光启把它略加修筑，种上柳树，竟得到不少柴火，除了供自己家烧用，还有多余的可以卖出，收获相当不错。

42 岁那年，徐光启整理了自己历年的测量结果和水利设想，拟订了一份《量算河工及测量地势法》，呈送给当时的上海知县，供测算河工及测验地势时参考。这份水利工程计划书为修建龙华港及周边农田蓄水排水工程提供了很大帮助。

热心于农业、水利的徐光启早就想抽出些时间，对农业生产、水利工程进行系统的研究，这次回乡守制便给了他这样一个机会。他打算将自己家的田地和园子用作试验场，把自己在书本上看到的学问付诸实践，如果成功了，也可告慰操劳了一生的父母。

天有不测风云，就在徐光启回到上海后的第二年，江南地区连降大雨，江河湖水暴涨，松江、苏州、常州等地的农田多被淹没，粮食颗粒无收。洪水退去，紧接着便是饥荒，粮价飞涨，无数农户断了炊烟，灾民无以果腹，只好外出讨饭。目睹严重的灾荒，徐光启没有一蹶不振，而是立即采取行动。他利用自己的身份地位，向万历皇帝递上奏折，请求朝廷拨付税金二十五万赈济江南地区。这笔钱款解决了灾民们的燃眉之急。可徐光启明白，这并没有解决根本问题，他渴望找到一种能帮助农民度过荒年的高产粮食作物，这样，即使将来再遇到

灾害也不怕了。

正当徐光启为此苦苦思索的时候，从福建莆田来了一位姓徐的客商。他告诉徐光启，福建有一种叫甘薯的农作物，不怕干旱，不怕台风，产量比稻麦高出几倍，可替代农民半年的口粮，闽广一带农民赖以为生。徐光启听后，十分高兴，决心在家乡试种。

甘薯在我国又称番薯、山芋、红薯或地瓜，原产于中美洲，适宜在热带和亚热带地区栽种。大约在明代后期，也就是16世纪八九十年代由菲律宾传入我国福建、广东等地。由于甘薯产量高，食用方便，很快就成为我国南方农民的重要粮食来源。而在温带的上海，当时还没有人种过。

要把甘薯从亚热带的岭南地区移植到温带的长江下游地区，关键是要解决甘薯秧的安全越冬问题。最初的几次试验都失败了，那位莆田客商带到上海的薯秧在冬天被冻坏了，栽到地里无法存活。后来，徐光启想了个办法，他请莆田客商买好薯秧后在秋天栽到装有泥巴的木桶里，开春时从福建连桶带泥运来上海，然后再剪下藤枝栽到地里。这次试种终于成功了，入夏，田里长满薯藤，一片碧绿。秋收时，挖出的甘薯大如碗口，一亩可收数十石，比稻谷产量不知高出多少倍。收获的甘薯既可生吃，又可蒸煮、火烤、油煎，还可晒干后长期保存，更可磨粉、制酒，用处颇多。

徐光启的亲戚友邻闻知这一新品种后，纷纷前来品尝，还要求他介绍种植甘薯的经验。徐光启也认为这是救灾度荒的最佳高产粗粮作物，应该在更大范围内宣传、推广 。于是，他编写了《甘薯疏》一文，系统地总结了在上海试种甘薯的经验，“疏”是分条说明的意思。在文章中，徐光启详细介绍了甘薯的种植时令、剪藤方法、生长特点、施肥技巧以及采收方法、食用方法、副食利用等方面，概括了种植甘薯的若干条好处。徐光启苦口婆心地劝说：“农人之家，不可一岁不种。”“决可令天下无有饿人也！”《甘薯疏》问世后，流传极广，影响遍及日本、朝鲜等国。

甘薯引种成功，在徐光启看来，是一个重大突破。他进一步预言，这种作物在黄河以北地区也大有发展前途。徐光启认为，倘若在地窖中收藏薯秧，应比江南留种更方便。果然，18 世纪中叶以后，黄河流域也普遍种植甘薯，证实了徐光启的预言。

《甘薯疏》写成后的第二年，徐光启又写了《芜菁疏》。芜菁，俗称大头菜，由于其产量高，也可以用作度荒作物。芜菁性喜阴凉，原产中国北部和欧洲北部，明代以前只限于在北方种植。《唐本草》等传统农书认为，如果把芜菁种在南方，不出两三年就会退化变成白菜。徐光启认为不能盲目相信古书，他离开京城的时候，特意带了芜菁的种子回乡，准备在上海试着种植。可第一年长出来的芜菁块根很小，真的像白菜一样。

徐光启没有灰心，经过仔细观察，再参考自己以往的种植经验，他找到了症结所在。原来，南方种芜菁，结子多在芒种以后，正逢梅雨季节，日照不足，湿度大，影响光合作用。芜菁籽生长不结实，先天不足，加上种植密，肥料少，难怪长出的块根瘦小，外形像白菜了。针对这些问题，徐光启对芜菁作了改良，摘去一些芜菁的花蕾，使田里芜菁开花结子的时间有先有后，这样就总有一批芜菁结子的时间能避开梅雨，可以结出壮实的种子。同时，他又对栽种方法进行了改进，稀种植，厚施肥，勤松土。这样下来，芜菁果然在南方栽种成功了，而且块根越种越大，甚至大过小孩的头，芜菁便被人们称为大头菜了。徐光启为了纠正古人的观念，推广自己的经验，便写了《芜菁疏》。

甘薯北移成功，芜菁南移成功，在短短两三年间取得的这些成就，有力地驳斥了当时盛行的所谓任何地方生产的作物都是不可变动的保守观念。徐光启在文章中指

出，各地有各种优良品种、高产作物，若能互相交流、广泛种植，社会上就可以不必担心食物不足，百姓也就不会饿死了。他认为，有些人局限于习惯和保守思想，动不动就搬出“风土不宜”的借口，反对农作物的推广，这种言论“大伤民事”。徐光启恳切地劝告农民切不可误信传闻，放弃利益。

除了试验引进江南地区迫切需要的高产粮食作物外，徐光启还尝试着推广种植有利于增加农民收入的经济作物。他逢人便劝说他们种植女贞树（又名冬青树）、乌桕树，认为女贞树可用来采集白蜡，解决照明问题；乌桕树可以榨油以作燃料，还可用于染发、造纸，极具经济价值。而且，徐光启尚且不满足于已经做的这些，他还把探索的目光投向了棉花。

棉花是宋末元初才在我国推广种植的经济作物，种植棉花要求的技术性很强，没有丰富的经验，一般收成不佳。另一方面，自从元代松江府人黄道婆向黎族人学习纺织技术并将之传回家乡后，上海地区的棉纺织业有了突飞猛进的发展。到了明代，松江府已成为全国棉纺织业中心之一，松江的棉布畅销全国，甚至作为贡品献给皇帝。这么一来，市场上对棉花的需求量更大了，迫切需要增加棉花产量。鉴于此，徐光启在自己试验研究的基础上，撰写了《吉贝疏》。

吉贝是我国古人对棉花的称呼。为了帮助农民掌握更好的技术，徐光启把他的经验编成了《吉贝疏》这本小册子。他分析了当地的气候特点、土壤条件，询问了农民们植棉的情况，自己又动手进行耕作、锄草。最后，徐光启指出了棉花低产的四大原因：种子不佳，播种太密，施肥不足，锄地不勤。为了让农民更好理解、更易操作，他把棉花丰产的条件总结为通俗的口诀：“精捡核，早下种，除根短干，稀料肥壅。”这些经验为我国棉花栽培技术的提高和种植业的发展，作出了重要贡献。

《甘薯疏》《芜菁疏》和《吉贝疏》这三“疏”，是徐光启在上海务农的心

得与经验总结，是他的学识与实践能力的结晶。更为难能可贵的是，徐光启并未染上当时知识分子的通病，为炫耀学问而将文章故意写得深奥难懂，而是采用通俗易懂的形式，向农民宣传科学知识，让人易于、也乐于接受。这正是徐光启的过人之处。后来，这三“疏”被徐光启收入自己的农业巨著《农政全书》中，继续发挥着它们的作用。

四、格物致知，巨著诞生

万历三十八年（1610年）底，徐光启三年守丧期满，准备回京赴任。路途中，他心急如焚，恨不能立刻赶回京城。并非是徐光启急着做官，而是他在家乡收到了利玛窦去世的讣告，现在急着参加利玛窦的安葬仪式，亲自送上对这位良师益友的哀悼。往事历历在目，回顾与利玛窦灯下共译《几何原本》的情景，徐光启感慨万千。他想起自己离京前，利玛窦曾向他提过西方的水利器械大可借鉴过来，还把另一位传教士熊三拔介绍给他说：“此公是西方水利研究的专家，欲知详情，还需向他多多请教。”徐光启决心与传教士再次合作，翻译一本西方的水利书籍。

回到京城后，徐光启找到传教士熊三拔，婉言向他提出介绍西方水利器械的事。熊三拔也是意大利人，是利玛窦的后辈，为人聪明博学，精通天文和水利。但是他比利玛窦谨慎，因为介绍西方水利机械不在传教事务范围之内，否则会引起教士们的流言蜚语，影响他在教务方面的前程。他面有难色地推辞了这件事。

徐光启并没有因为熊三拔的拒绝而灰心，他已留意农田水利二十多年，对水利建设的重要性有深刻的认识，当他回到家乡，看到农民们仍旧使用落后的水车工具，十分费力，就更觉得有引进西方先进器械的必要。徐光启觉察到熊三拔的难处，劝熊三拔说：“天主不是造福于万民吗？先前的利玛窦先生把天文、历法、数学等知识毫不吝惜地传给我中华，备物致用，就是为了造福万民，结果他受到了广泛的赞誉。您如今向中国传授西方的水利知识，也是利玛窦先生当时的夙愿，如果愿望达成，将福泽后世，请您考虑一下吧。”这番话打动了熊三拔，他答应向徐光启每日讲授西方水力学原理和工程学知识。徐光启把熊三拔所说的内容一一记录下来，然后整理成文。

从万历三十九年（1611 年）夏天开始，一直到万历四十年（1612 年）春天，徐光启完成了《泰西水法》的编写工作，并着手付印刊行。泰西，就是西欧的意思；水法，是水利之法的意思。这次编译，与翻译《几何原本》不同。《几何原本》是数学名著，翻译时应力求忠实于原意。而《泰西水法》的内容虽然主要是介绍西方水利，包括水利器具及水库工程等，然而徐光启并没有照本直译，而是结合我国原有的水利工具，选择西方科技中确实先进的部分，加以翻译整理。所以这本书实际上也是徐光启比较、研究东西方水利知识的成果集成。

《泰西水法》共六卷，前四卷讲取水、蓄水的方法。特别是前两卷全文介绍了三件水利器械的制作和使用过程。这三件器械便是龙尾车、玉衡车和恒升车，是从江河或井中汲水的工具，旱时可靠它们汲水灌溉，涝时可用它们抽出田间的水，它们不但功能强大，还可借助风力、水力或气压推动，很省人力。徐光启的好友曹于汴评价说，有了这些器具，“江河之水，井泉之水，雨雪之水，无不可资为用，用力约而收效广”。《泰西水法》的第五卷讲水质、水理。第六卷为图集，绘出了有关器具的图式。书前，徐光启写有《泰西水法序》，指出如果水利搞好了，“富国足民，或且岁月见效”。这种说法是很有见地的。

尤为可贵的是，徐光启不仅做了一般的文字翻译，他还结合上实物的试验。他请来许多木工，把熊三拔介绍的西方水利器械一一制出成品，然后应用到农

田中试验功效。一时间，熊三拔的天主教堂中到处摆放着水利工具部件，还聚集着许多手工工匠，随着徐光启一同专心地听着讲解。这种结合试验的翻译方法，受到了当时京城中学者的赞赏。很多人都派了能工巧匠来到徐光启这里学习制作方法。当时有一位农业专家，名叫彭惟诚，正在离京城南三十里的良乡试种水稻，听说京城的徐光启、熊三拔正在试制新式水利器械，便立刻派了几名工匠来天主教堂学艺，然后把制成的器械带回良乡，经过试验，效果非常好。此后，徐光启在天津垦殖时，又把这些水利器械带到天津试用，也立见功效。这样，《泰西水法》便成为了一个西法中用、中西自然科学结合的成功典范。

这时的徐光启，在引进西方先进农业科学方面还有不少其他的成就。他曾在写给家人的书信中提到应用“西洋种葡萄法”来嫁接葡萄以取得更好的品种。徐光启还谈到引用西洋的“制药露法”，把中国传统的中草药，如麦冬、何首乌、山药、酸枣仁等制成药液，长久储藏，有专家评价他“在中国药学史上添上了新的一页”。

正当徐光启在吸收西方先进科学方面卓有成效时，他的仕途却起了风波。徐光启自万历三十八年（1610 年）回到京城后，仍任翰林院检讨一职。这是个较为清闲的官职，不负责具体的行政事务，所以有时候朝廷会派给他一些临时性的任务。万历三十九年（1611 年），他被派到宫廷内部主管宦官的教学工作，就是教那些太监们识字。当时正是宦官得宠、仗势欺人的时候，一些没有骨气的知识分子常常就此巴结宦官，青云直上。但徐光启从内心里不喜欢这一工作，看不上趋炎附势者的嘴脸，不免得罪了一些宦官。到了万历四十一年（1613 年），他又被委派为当年会试的同考官。本着提拔人才精神的徐光启又大大惹恼了一个名叫魏广微的宦官亲信。这个魏广微投靠宦官，常常为虎作伥，迫害排挤正直的知识分子。这一次，魏广微靠着宦官的势力当上了会试的同考官，与徐光启一同阅卷。魏广微妒才嫉贤，否定了品学兼优的鹿善继等人的试卷，使

他们落选。而当徐光启再次阅卷时，认为这几人不仅治学严谨，而且为人正直，应试文章又都是经世致用之文，因此坚持把他们录选。这就引起了魏广微的嫉恨，他到处散布谣言，说了徐光启很多坏话，甚至说他与西洋传教士暗相勾结，图谋不轨。再加上这一时期，徐光启和一些有识之士主张修订历法，引起了守旧派的不满，闲言四起。这些使徐光启甚为愤恨，决心托病告假，离开京城这个是非之地，并利用这段时间进行农业科学实验，从另一途径为社会作些贡献。

选择什么地方进行农业试验，徐光启很是费了一番思索。他一度考虑过回上海老家，还给留在家乡的儿子写了一封信，希望儿子在上海城外再购置些田地。然而这个方案没能实行，上海人多地少，地价昂贵，没有太大的可能搞大型的农业试验场。这样，徐光启把目光转向了地广人稀的北方，最终选择了天津。那时，天津一带有很多荒田，既有水源，地价又极为便宜，给政府交的税又轻，实在是个理想的地方。而且天津离京城近，便于联系熊三拔等传教士，对徐光启继续从事科学研究比较有利。更为重要的是，徐光启通过自己在京城多年生活的体验，发现南北方的经济发展很不平衡，特别是在粮食生产这个关系国计民生的大问题上，北方要远远落后于南方，每年的南粮北调费时费力，还需几百万的漕运费用。徐光启希望通过在北方试种、推广水稻及其他南方高产粮食作物和经济作物，使北方的农业生产发展水平接近江南，从根本上改变南北经济发展不平衡的局面。

万历四十一年（1613 年）秋末冬初，徐光启带着他的理想和科学知识来到天津，从最初的八百亩田地做起，一步步地实践着他的农业试验计划。最初两三年，他种植小麦获得成功，不但有了充足的资本，而且具备了将试验进行下去的充足信心。

做足了准备工作，徐光启着手

在天津农田里播种水稻。他先细心地研究了农田的地势和周围的河道，又研究了滨海盐碱地的特性，发明了适用于当地既可抗旱防涝，又可洗碱的水利工程技术，使水稻得以顺利成活。然而试种当年并没有收成。虽然稻秧长得挺拔壮实，根大如斗，但并不结实饱满，以致一年到头颗粒无收。徐光启并没有气馁，而是积极地寻找原因。原来，徐光启为水稻施肥用的还是江南地区的老办法，并不适用于北方的土质。经过多方询问和试验，徐光启改用麻灰作肥料，大大改善了水稻的生长条件。万历四十五年（1617 年），徐光启试种水稻获得成功。后来，经过一代又一代不断总结经验，他培育出了一种叫“小站稻”的优良品种，天津地区也成为了我国北方产稻的重要中心。这是和徐光启的辛勤努力分不开的，南稻北种的成功，为北方种植水稻积累了丰富的经验。

为了推动北方经济快速发展，徐光启还试验引进一批经济作物。他有计划地从上海、安徽等地买来各种药材，如生地、何首乌、牛膝、贝母、当归、远志等，种下去，收成也不错。他还写信让上海的家人给他寄来鸡冠花、凤仙等花的花籽，种在房前屋后的空地上，并改造了从传教士那里学来的“制药露法”，用各种花朵做成香露，销路很好。徐光启在天津还试种了葡萄，其中的白葡萄一株可产数斗果实，每亩可收百担，经济效益可观。他还认为北方没有梅雨季节，很适宜养蚕。但北方的桑叶质量不如南方好，徐光启就想把南方的桑树移植到北方去。这样的试验、尝试还有很多。

天津屯田，是徐光启直接参加农业科学实践的第二次比较集中的时期。上海和天津，一南一北，在江南水乡和华北平原这两个不同的典型地区的实践，使他的视野更加宽阔，对农业科学规律的总结更具有普遍的意义。在天津的这

几年，徐光启早出晚归，手执锄头、铁锹，亲自参加田间劳作，休息时就博览古今农书，还随时请教当地农民。几年下来，他积累了大量的农业研究经验，对各项实践都作了记录。参考研究心得，徐光启写成了《北耕录》《宜垦令》等书，介绍了一些耕作、施肥的经验，号召有识之士进行垦殖。

在天津垦殖的后期，徐光启还把历年务农的心得体会、理论成果加以总结，写了一部综合性的通俗农书——《农遗杂疏》。所谓“遗”，徐光启取之古书《周礼》的“遗人”之“遗”，意思是要充分利用农业资源，不要有所遗失。徐光启写这本书的目的在于劝告农民采用先进的、有效的生产技术，实行多种经营，提高产量，以获得更多的产品，还要在平时多加积累，以备荒年的不足。《农遗杂疏》里包括他先前所写的甘薯、芜菁、吉贝的小册子，也包含他收集的论粮、棉、蔬、果、农艺以及畜牧技术的综合知识，可以说是一部农业小百科全书。这部著作为徐光启以后编写大规模的《农政全书》打下了坚实的基础。

正当徐光启在天津垦殖的前途一片光明时，明朝的政坛却越加昏暗了。一些朝廷重臣盲目排外，视西洋事物为异端，欲除之而后快。有一些惯会揣摩上级意愿的小人趁机上奏要求驱逐外国传教士，惩罚信教的中国士大夫，并在南

京无理拘捕了二十余名传教士，把他们押解远走，这就是“南京教案”。徐光启曾愤而向皇帝上奏，力劝皇帝不要排斥刚刚传入的西方教义和科学技术，但最终并未获得成功。与此同时，辽东满洲人入侵，朝廷练兵不力，军政腐败，徐光启对政局感到十分失望。天启元年（1621年），万历皇帝驾崩之后，天启皇帝继位——这是一个整天与斧子、凿子为伍，喜欢做木匠活、不问朝政的糊涂虫。朝廷大权掌握在宦官魏忠贤的手中，他结党营私，无恶不作。徐光启就此对朝政不抱任何希望，在当年秋天，他毅然辞职，踏上了南归上海的旅程。

这时，唯一能给徐光启以安慰的是上海的田地经过儿子多年的经营，这时更具规模，使他有条件进行农业科学的研究和试验。政治上的失意，在客观上提供了一个条件，使徐光启能有几年空闲时间，将酝酿多年的《农政全书》整理定稿。这本书写于天启五年（1625年）到崇祯元年（1628年）之间。当时还没定下这个名字，而是称为《种艺书》或《农书草稿》。徐光启生前也没有来得及刻印，而是在他死后六年，由他的朋友陈子龙替他刊行的，并取名为《农政全书》。

《农政全书》共六十卷，十二门类，五十余万字。前三卷讲“农本”，记述了历代有关农业生产、农业政策的经史典故和诸家议论，是全书的绪论；接着的两卷是“田制”，叙述了古代土地制度，古代农学家关于田制的论述，徐光启本人对古代井田的见解和耕方式的讨论。接下来的内容涉及土地利用方式、各种耕作方法、农田水利、农具、农时、开垦、栽培等类别。其中的栽培一类，已论及树艺、蚕桑、畜牧、养鱼、养蜂等农业技艺，充分反映了明代农、林、牧、副、渔等多种经营的繁荣。最后一个门类是“荒政”，详细考察了历代救荒政策和措施，总结了我国古代劳动人民同自然灾害作斗争的经验。

在这十二门类中，最突出的是“水利”“荒政”两门，前者九卷，后者十

八卷，共二十七卷，占了全书内容的三分之一以上，可以看出作者的倾向和注意力所在。徐光启认为，兴修水利以增加农业生产和救济灾荒以安定人民生活，是当时亟待解决的问题，所以把它们列为全书的重点。而《农政全书》的高明之处，在于书中很大一部分内容，超出了农业生产技术的范围，涉及政策方针、财政经济、农田基本建设以及备荒、救荒等更加宏观的问题。

《农政全书》中的内容大部分来自征引古代农业文献。据统计，徐光启在书中引用的农业文献达到二百二十五种。因此，《农政全书》可以说是当时中国农业科学遗产的总汇，集中了中国古代农书的精华，许多已散佚的文献赖以保存。这些丰富的农业科学资料是徐光启在几十年间积累抄录下来的，在此基础上又分门别类地进行整理、汇编。徐光启对劳动人民的实践经验也十分重视，尽量吸取、采用“老农”“老圃”的经验之谈。

徐光启的同乡好友陈子龙在《农政全书》的“凡例”中指出，这部巨著“杂采众家，兼出独见”。这确实抓住了这本书的一个重要特点。在《农政全书》中，属于徐光启自己写作的内容，大约只有六万多字，只占全书的十分之一。但这些文字，或是出于对当时农业科学先进经验的总结，或是把他自己的研究成果，用夹注、补充或评论的方式，加在征引的古代文献中的欠缺之处。即使只有三言两语乃至一二千字，都足以丰富古代文献。经过他的修订、补充，我国古代农业文献转化成当时最先进的农业科学技术而重放异彩，充分反映出徐光启的独到之见。所以，《农政全书》既是古代农业文献的汇编，也是一部不朽的科学著作。

《农政全书》与以往农书的一个重要区别在于：以往农书重在生产技术，而徐光启是从“农政”，即国家政策的高度，对农业生产的发展进行考察。为什

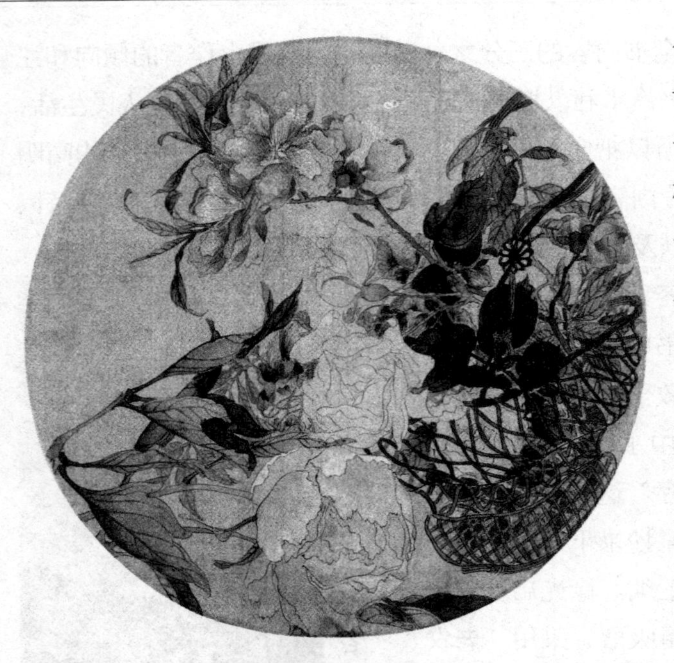

么以“农政”命名呢？陈子龙解释说，是因为这部书包含了“富国化民”的根本问题。书前的序文中也指出写书的主要宗旨是从根本上寻求使国家富强的救世良方。确实，徐光启的根本着眼点在“农政”，寄希望于通过行政力量，发展农业，提高产量，改善人民生活，从而获得国防所需的物力与人力，实现富国强兵的目标。

关于农业生产的具体政策措施，在《农政全书》中主要包括开垦、水利、荒政三个内容。这三者，虽不直接属于农业生产技术，但对保证农业生产的顺利进行十分重要。徐光启认为，解决社会问题、发展生产、防患于未然是上策；提倡积蓄、反对浪费是中策；开仓救济是下策。他主张通过开垦荒地、兴修水利来发展农业生产；推行休养生息的政策以保护农业劳动者，从根本上解决问题。对开垦、水利、荒政等政策措施与农业的关系，在以前的农书中，还很少有人作过系统阐述。徐光启把这些“农政”集中而系统地提炼出来，成为《农政全书》的又一重要特色。

与专啃书本、食古不化的书呆子不同，徐光启十分重视调查研究。他的儿子徐骥曾这样叙述其父躬亲科研的过程：“考古证今，广咨博讯，遇一人辄问，至一地辄问，问则随问随笔，一事一物，不穷其极不已。”《农政全书》中许多精到的见解和经验，不能不说是徐光启精细科研、严谨态度的成果。值得一提的是，徐光启在《农政全书》的“荒政”一门中，记录了度荒草木 414 种，相比李时珍的《本草纲目》的有关记录，增加了 276 种。这些草木，他大都亲自尝过，并注明“叶可食”“根不可食”等字样。他还详细介绍了食用方法，还写明“本是胜要，尝过”或“尝过，难食”。这种神农尝百草的探索精神是令人钦佩的。

徐光启的《农政全书》在我国科学史上有着极高的学术价值，被认为是中国古代史上一部最完备的农学百科全书。有人把它与李时珍的《本草纲目》、宋应星的《天工开物》和徐霞客的《徐霞客游记》并称为明代“科学文化上的四大杰作”。我国著名科学家竺可桢先生称徐光启为我国“近代科学之先驱”，对其贡献作了充分肯定。《农政全书》对欧洲近代科学的发展也有促进作用。随后，英国重农学派代表人物奎奈从来华的传教士那里了解到徐光启的农业技术成就，并将之运用于欧洲农业科学，使中西农学交流发展达到了一个较高的水平。

五、词臣从戎，沙场点兵

正当徐光启致力于农业科学研究之时，明朝政局发生了很大变化。聚居在我国东北地区的女真族不断强大起来，万历四十四年（1616 年），他们杰出的首领努尔哈赤建立了后金政权，并向南扩张。万历四十六年（1618 年），后金攻占了明朝设在东北的重镇抚顺，接着又在广宁大破万余明军，明军生还者不到十分之一二。明朝朝野上下十分震惊，礼部官员何宗彦向朝廷推荐了徐光启，说他“素知兵略”，应急召回京商量防守事宜。

这样的评价对徐光启来说是当之无愧的。他曾大力宣传“富国必以本业，强国必以正兵”，“本业”即发展农业生产，“正兵”即组织装备精良的军队。在刚刚考入翰林院时，徐光启便写了《拟上安边御虏疏》，讨论北方边防问题，提出了一整套练兵筹饷和整顿边防军队的办法。他对明朝的边患十分关注，曾在给老师焦竑的信中说：“我从小深为感愤倭寇的践踏，家乡涂炭，因而习读兵书。我感到国家现在的危难，甚于倭寇入犯之时。”虽然这时的徐光启患病在身，但一接到诏令，他就立刻赶回京城，参与对敌斗争。

但是，事态发展得比徐光启想象的还要糟糕。明朝的腐败已经到了非常严重的程度，和后金的战事频频失利。万历四十七年（1619 年），明朝政府派出的辽东经略杨镐，帅四十万大军出关御敌，却几乎全军覆没。消息传到京城，平时喜欢夸夸其谈、倡言救国的大臣们居然万马起喑，无一人献出良策。这时的徐光启实在忍无可忍，不顾自己人微言轻，在三个月内，接连给皇帝上了三

道奏折。一方面，他分析杨镐的失败是因为他根本不懂战略战术，四十万大军竟然分兵前进，削弱了自己的力量，给了敌人以可乘之机，另一方面，徐光启又提出了自己的合理建议，他主张：第一，要精求天下有勇有谋的战士，集中起来进行训练；第二，必须有专人制造精良的武器，配备给善战的武士；第三，必须赏罚分明，号令整肃。这样的军队，必能赴汤蹈火，所向无敌。除此之外，他还提出联合朝鲜共同抵御后金的战略方案。

可惜，迎接徐光启的满腔爱国忧国之情的却是一盆冷水。昏庸的万历皇帝和他周围的大臣对他的奏折一概不理，拖延了几个月也没有批复。直到八月份，在一些正直朝臣的舆论压力下，朝廷才勉强下了一道旨令，命徐光启“训练新兵，防御都城”。

接到旨意后，不明真相的徐光启为自己历年主张的“强国必以正兵”的愿望即将实现而兴奋异常。刚刚上任的他就撰写了选兵练兵的具体规则，准备大干一场。他预计在一两年内练出一批精兵，三四年后彻底击溃金兵，巩固国防。

但徐光启没有想到，他的练兵之路充满荆棘，困难重重。练兵衙门成立一个月来，从来无人过问，要兵无兵，要饷没饷，连他的同事都看不下去，替他抱不平。到了第二年年初，徐光启在给皇帝的奏折中诉苦：无兵无饷，瞻前顾后，简直无可奈何。他还把自己比作被捆绑着四足的老牛病马，又被人不断敲击着头，一步都迈不动。

万历四十八年（1620 年）四月，徐光启好不容易弄到一点银饷和兵械，便急急忙忙奔赴通州、昌平，开始选练新兵。虽然应征者很多，但大多数是贫困农民，身无完衣，面有菜色。徐光启亲自对他们逐一检查，一丝不苟，选出了数千名新兵。

在几个月的练兵过程中，徐光启风餐露宿，

辛苦备至。他一遍又一遍地给新兵讲授练兵规则，事必躬亲地做示范动作，常常累得汗流浃背，头晕目眩，终于练出了一支骁勇的队伍。徐光启培养的士兵中有三千多名后来被拉到辽东作战。在与后金的战争中，唯有徐光启练的这支军队“足当一面”。人们由此感慨说，假如能由徐公主管当年军事，明朝打败后金、恢复辽东是完全可能的。

八月，万历皇帝驾崩，他的孙子朱由校继位，改元天启。这位少年天子整天嬉戏，朝政大权落在宦官魏忠贤的手中。这位历史上著名的奸臣专横跋扈，联合朝臣中的小人陷害贤良，无恶不作，把国家弄得乌烟瘴气。徐光启眼见朝政日益腐败，感到练兵无望，便托病辞官，回天津务农了。

这时，后金渐渐向明朝进逼。天启元年五月，后金军占领了沈阳，又向明军重兵把守的辽阳进攻。战斗中，明朝辽东经略袁应泰殉国，辽阳失守，后金军占领了辽东全境。明政府这才又想起了徐光启，于当年六月再三催促他回京。

徐光启又一次义无反顾地回京复职了。在同西方传教士长期接触中，深感到西洋火炮是一种杀伤力很强的锐利武器。他认为，要速胜后金，必得从精良的武器入手，而西洋火炮实为重要一环，便建议朝廷派能手仿制西洋火炮。早在通州练兵时，徐光启就曾委托自己的朋友李之藻到澳门购买西洋火炮。李之藻凑了一笔钱，在澳门买了四门火炮，还聘请了精通技术的欧洲人和翻译。但不久徐光启就被迫辞职，练兵中止，李之藻怕这些火炮落到其他官员手中，不受重视，而变成废物，就暂时把火炮存放在江西。这一次徐光启复职主持练兵，李之藻便让自己的学生将这四门火炮运回京城，还让学生写了一本《西洋火攻图说》作为使用说明。

踌躇满志的徐光启向朝廷提出了仿造火炮和建造炮台的计划，然而一些腐败守旧的官僚纷纷指责徐光启购买、仿制西洋火器是“开门揖盗”“引狼入

室”，群起诽谤、阻挠徐光启的计划，终于使之因缺乏经费而搁浅。加上皇帝昏庸，以魏忠贤为首的阉党把持朝政，徐光启不愿受他们的笼络而与之同流合污，便又一次辞职回到家乡上海。但值得一提的是，由澳门运来的四门火炮在对后金的战事中发挥了极大的威力。天启六年（1626 年）宁远之战中，袁崇焕用运来前线的西洋火炮几次击退了后金军队，后金首领努尔哈赤在炮火中受了重伤，旋即身亡，后金也暂时停止了向明朝的进攻。这次激战中，有一门西洋火炮立功最多，被封为“安边靖虏镇国大将军”。

虽然励精图治的崇祯皇帝于天启七年（1627 年）继位，恢复了徐光启等正直官员的官职，无奈明朝已是日薄西山，病入膏肓，败亡之势无可挽回。徐光启计划建立一支精锐的火器营，却因为将领孔有德拥兵叛变归顺后金而宣告失败，他在军事上的抱负与才能，终究未能得到施展。

六、古稀老人，督修历法

崇祯二年五月初一（1629 年 6 月 21 日）这天，京城出现了日食。负责观测天象的钦天监按旧的历法推算日食的时间，结果却与实际相差甚大，误差超过半个小时。在封建时代，日食被看成是国家兴衰治乱的征兆，受到高度关注。崇祯皇帝因为这次错误大为恼火，于是修改旧历的任务便被提到日程上来。

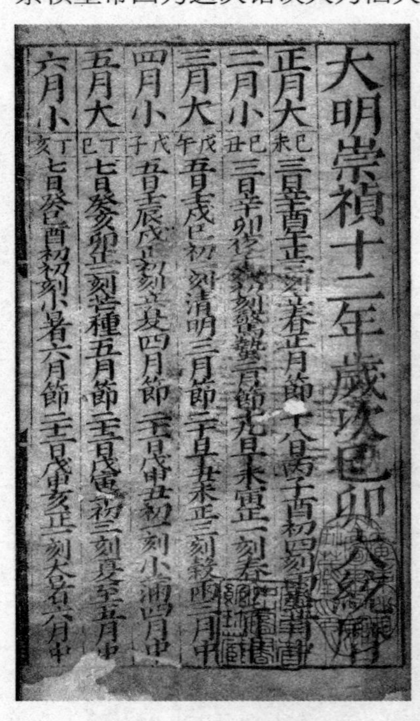

大明崇禎十二年歲次己卯大統曆

正月大

二月小

三月大

四月小

五月大

六月小

其实天文历算在我国有悠久的历史，我国的历法也一直处在世界历法的先进行列。尤其是元代郭守敬所制的《授时历》，是当时世界上最精确的一部历法，比同时期流行在欧洲的《儒略历》准确得多。明代的《大统历》就是在《授时历》的基础上沿袭下来的。但是经过了三百多年，这部历法一直没有修订过，自然出现了不少差错。而 1582 年的欧洲，已开始使用经科学家们修订过的新历——《格雷高里历》。这部历法吸收了很多科学成果，精密度很高，已超过了中国的历法。西方传教士来华时，也带来了一些关于天文历算的书籍，利玛窦等人在天文学上也很有造诣。徐光启在与他们的接触中，深深感到参照西方历法改革中国传统历法是十分必要的。这次修改旧历的任务便顺理成章地落在徐光启的肩上。

从崇祯二年（1629 年）到崇祯六年（1633 年）徐光启病逝，他最后几年的心血全部投在了历法的修订上。尽管已是近七十高龄的老人，但徐光启依旧保持着一丝不苟的工作精神和极端负责的工作态度。奉旨开设修历局之后，讲求实效的徐光启订立了修历的方针：用人必须是务实的，制造的器具必求能够实用，经费决不虚报冒领，时间不可虚度。修历局缺乏天文历法方面的人才，徐光启还大胆地用招聘的方法从社会上募集了一些有真才实学的人才。他要求修历局的工作人员要具备“基本五目”的才干，即“法原”“法数”“法算”

“法器”“会通”。“法原”指对天文学基础理论的了解，“法数”指了解天文数据，“法算”指能用数学解决天文上的问题，“法器”指了解天文器材的性能和使用，“会通”则指能把中国传统天文学和西洋天文学融会贯通。徐光启规定，以上各项能精通一项者，就可每月发给禄米一石，银一两八钱，兼通数项的可酌量增加，但怠工者要给予惩罚。由于赏罚分明，用人得当，人尽其才，修历工作进展得很顺利。

崇祯修历工作，是继翻译《几何原本》后，中西科学家的又一次重要合作。徐光启的修历局集中了一些西方传教士中对天文学有高深研究的学者。他邀请了澳门的西方传教士邓玉函和龙华民来京协助修历。二人帮助徐光启翻译了一批西洋天文理论著作，并指导年轻的中国实习生编制各种天文用表，还教授工匠们制造出探测天体的大型仪器。在邓玉函病逝之后，徐光启又推荐了两名年轻的西方学者来到修历局，他们就是汤若望和罗雅谷，汤若望后来在清朝也发挥了促进中西交流的作用。

在修历过程中，徐光启十分重视实测的作用。他虽年近古稀，眼力和腿力已渐虚弱，但仍事必躬亲，日夜登台观测天象，以取得最准确可靠的数据。崇祯三年（1630 年）严冬的一天，他在刺骨的寒风和漫天飞舞的雪花中登上观象台测验器具，不慎失足跌落台下，腰部和膝部都受了伤，不能行动。经过一段

时间的休养，虽然伤痛并未痊愈，可徐光启仍然迈着蹒跚的步伐，坚持到测候现场，有时到夜深了，他还和工作人员一起守候在仪器旁观测天象。他给皇帝的上书中说：“非臣目所亲见，实臣心所未安也。”徐光启的这种认真负责的工作态度，让身边人感动不已。明末学者、文学家张溥记述了徐光启对科学研究“老而弥笃，孜孜不倦”的感人情景。他在《农政全书》的序文中写道：“我出生已晚，但在崇祯四年春天，还是有幸获得了我的老师徐文定公的指教。当时我听说老师正在研究西方历学，就约了同学徐退谷一起前去请教。只见老师端坐在斗室之中，奋笔疾书。一丈见方的卧室内，只在床上铺了一条粗棉布的被子，连帐子都没有挂，这哪里像朝廷大臣的住处啊！居住条件之简陋，与贫寒的知识分子有什么区别呢？老师勤奋好学，冬天不烤火炉，夏天不用扇子，分秒必争，专心致志于治学。当年我亲眼看到老师仔细推算纬度，然后把计算结果用蝇头小楷，端端正正地记录下来，每天工作到半夜，方肯罢休。”徐光启对待科学研究的这种勤奋、刻苦和极端认真的精神，怎能不令人肃然起敬？

精密的天象观测资料，是推算准确的历法的基础；而对天象的观察，又必须借助于各种仪器，其中尤以天文望远镜为最。1608 年，荷兰眼镜匠利伯休首次发明望远镜。第二年，意大利科学家伽利略在此基础上发明了天文望远镜。当徐光启通过西方传教士了解到这一科学新发明后，立刻带人仿制，并把制成品命名为“窥筩眼镜”。经验证，这种天文望远镜完全合格，能很清楚地观测到日月食的变化情况，比传统的肉眼观察或水盆映像法强得多。此时距西方初创望远镜仅二十年，可见徐光启吸收外来先进科学文明思路之敏锐。徐光启是我国第一个制造望远镜并应用于天文观测的人，这个功劳是不可磨灭的。

徐光启在修历过程中设立“官学生”制度。这些官学生又称为“博士”和

“天文生”，是通过当助手而成长起来的实习生。徐光启还聘请了一些年轻老师为官学生讲课。徐光启在临终前，将这些后辈的名字一一列给皇帝，指出他们在制造仪器、测算、编历等工作上的功劳，为他们请赏。这些年轻的讲师和实习的官学生是一批懂得新历法的后备人才，为此后中国推广西方天文学知识开辟了道路，这是徐光启在我国天文学发展史上的又一贡献。

应该看到，这次修历的过程并不是一帆风顺的，其中存在着新旧两种思想的较量。有一位名叫冷守中的四川老秀才，头脑保守僵化，不相信西洋先进的历法思想，反对徐光启参照西法改历。他用迷信理论制订出一套历法，送到修历局，非说自己的才是最准确的历书，他还指责徐光启用西法修正《大统历》是违反祖宗、大逆不道的举动。徐光启对固执己见的冷守中没有采取压制的办法，而是据实说理，以理服人。他编写了一本题为《历学小辩》的小册子，指出冷守中所依据的方法不过是神秘的数学游戏，并无科学依据。冷守中仍然不服，徐光启便和他约定，两人一同推算崇祯四年四月十五日四川见日食的时刻。如果冷守中算对了而徐光启错了，那就证明冷的方法有理而徐的方法有误；如果冷守中算错了而徐光启算对了，那就该由冷守中认输。到实测的结果出来，冷守中果然错了，误差很大，而徐光启的推算准确无误，冷守中心服口服，收起了他那套理论。还有一位在当时较有名望的天文学家魏文魁，也极力反对徐光启的新法，并给修历局送来两套他自己按旧法编成的历书，要求朝廷使用。徐光启翻阅了他的历书，发现他的推算方法很陈旧，有很多谬误，就建议魏文魁再重新研究一次，同时表示对他“苦心历学”的敬佩，希望他能与自己合作。魏文魁不但不虚心吸取徐光启的意见，反而强词夺理地反驳徐光启，竭力阻挠徐光启对历法的改革。由于这些人的干扰，徐光启改修的《崇祯历法》在他去世后若干年才得以完稿。

崇祯五年（1632 年）六月，徐光启被皇帝任命为礼部尚书，兼东阁大学士。东阁大学士是政府首辅，相当于宰相。当时人们把官员进入某阁当大学士叫做“入阁”，认为是

相当值得羡慕的事。但徐光启对此安之若素，丝毫没有骄矜之情，而是依旧孜孜不倦地编撰他的大型历书。到崇祯六年（1633年）十月底，这部大型历书基本完成，徐光启感到自己已年过七十，精力衰退，而且入阁后事务繁重，恐怕没有太多精力照顾修历局的事，便向皇帝推荐一位可靠的接班人代替自己在修历局的工作。经过慎重考虑，徐光启向皇帝推荐了当时在山东任职的李天经，并在奏折中称赞李天经知识渊博，沉稳可靠，兼通天文数理，足以担任修历局的负责工作。

在递上奏折八天之后，徐光启病逝于京城。他生前主持修订的历书由李天经最后整理，定为四十五种一百三十七卷。这一套包括天文历法诸方面内容的大型历书，因为在崇祯年间修成，故命名为《崇祯历书》，并分五次向皇帝进呈审阅。但因为守旧派魏文魁等人的百般刁难，这部历书在当时并未得以颁布天下使用。后来，明朝被李自成所灭，这部历书就更顾不上刻印了。直到清朝入关之后的顺治三年（1645年），由投顺清朝的传教士汤若望在原书的基础上重新编制，由清朝公布施行，就成为当时称为《时宪书》的新历书，大体上仍是徐光启的科学成果。

科学家们认为，由徐光启主持编订的《崇祯历书》，是我国近三百年来天文历法科学发展的基础，它结束了郭守敬之后我国天文学近三百年的停滞落后状态，复兴了我国的天文学，而且培养了一大批天文学人才，为清朝天文学的发展储备了人才。

具体来说，《崇祯历书》的科学成就大致包括以下几个方面：第一，这次历法的修订采用了不少西方数学的新成就，把几何学的计算系统引入天文历法的运算，这里包括欧洲人第谷的天文观测数据——他被欧洲人称为“天文学之父”，这是当时人们所使用的最为精确的天文数据。第二，引进了西方先进的天文和地学科学观念。《崇祯历书》引进了“地球”的概念，认为地是圆球形的，

而且确立了地理经纬度的概念，这使计算日食、月食的准确度比用旧法前进了一大步。第三，历书开始采用欧洲通行的度量单位，把周天分为360度，一日分为24小时96刻，并采用60进位制。这使东西方在立法运算上逐步靠拢，便于交流与发展。此外，《崇祯历书》还引进了西方历法的蒙气差校正和黄道坐标系统等，使这部历书在科学方法上向前跨了一大步。总的来说，《崇祯历书》的修订对中国天文学来说是一场深刻的变革，使中国古典式的天文学走上了与世界天文学同步发展的道路。

在修订历法的同时，徐光启还进行过其他一些很有价值的科学活动。崇祯二年（1629年），他主持了一次天文大地测量，这次测量的规模比唐代一行、元代郭守敬主持的测量规模要小一些，但这是一次引用西方先进科学测量方法的实测，这就使它具有了特殊的意义。此外，徐光启还在当时的条件下，主持绘制了一份最完备的星表和星图，后来称为“徐光启星图”，这是我国目前所见的最早包含南极天区在内的大型全天星图。徐光启还主持制造了多种仪器，包括当时最流行的望远镜、自鸣钟等，这些都是他对我国科学发展作出的杰出贡献！

七、一代宗师，风范长存

徐光启入阁为相的时间非常短暂，仅一年零几个月，其中还有好几个月身处病中。这一年多，徐光启也曾一度有过大展宏图的想法。比如崇祯六年（1633 年）初的一天，崇祯皇帝和他说起准备让他以首相的名义到前线巡边，

指挥战斗。他从朝中归来后喜形于色，一夜都没睡好，希望能在北边疆场大显身手。但是，在为相的大部分时间里，徐光启的内心是痛苦的，常常吟诵“一人计不用，万里空萧条”的唐人诗句以自遣。此时朝中一批奸臣当道，对他处处掣肘，许多朝臣又都只求自保，不愿为国分忧。正确主张反而得不到施行，国势日见衰败。另一方面，他的同道好友又一个个先他而去，使徐光启倍感寂寞，因此，他的阁老生涯在政治上经常是消沉的。

崇祯六年（1633 年）三月，年已 72 岁的徐光启多年的脾胃宿疾突然加重，接连数天不能进食，一吃就呕吐，浑身疼痛，严重时还会昏厥。这使他深感自己的健康状况已无法坚持工作，就向皇帝请病假在家调理，一直到四月才回阁视事。这年十月，徐光启感到自己实在是病体难支，又一次上疏乞休。在生命的最后关头，徐光启仍坚持工作，尽力整理历书的最后书稿。十月三十一日，徐光启向皇帝上疏，预报第二年三月十四日将出现月食，详细禀报了月食的时间和起复方位，还详细汇报了历书的编写进展情况。十一月七日，徐光启自感病情更加严重，写信让儿子徐骥速来京城，又上疏给皇帝，保举了修历有功人员，恳请皇帝给予奖赏。他特别提到了传教士罗雅谷和汤若望，希望皇帝给予

嘉赏，并赐给他们田宅，使他们有足够的经济能力能安心地为明政府工作。徐光启上疏向崇祯皇帝报账，交代了修历的花费和物资的账目结算情况。他又告诫在身边侍奉他的孙子徐尔爵，让孙子尽快抄录《农政全书》，以便向皇帝进呈，完成自己的志向。徐光启的儿子徐骥追记父亲的临终遗言时说，父亲“临没了了，只以国家多故为念，一语不及于私”。就在这一天，崇祯六年十月初七（1633 年 11 月 8 日），徐光启带着未完成的心愿和对国事的满腹忧虑，溘然长逝。

徐光启去世的消息很快传到宫内，崇祯皇帝对这位肱骨老臣的离去深感悲痛，宣布辍朝三天以示哀悼，追赠徐光启为“少保”，赠谥号为“文定”。朝野上下，许多人见到讣告，都失声痛哭。徐光启逝世后，人们清理他的遗物，发现在他简陋的斗室里，仅有一只陈旧的木箱。打开箱子一看，里面有几件破旧的衣服和一两银子，此外，便是大量的著作手稿。徐光启的床上放着一只冬天用来取暖的汤壶子，年头长久，已经有了渗漏，以致破旧不堪的棉被漏下一个破洞。大臣们不禁感慨：“古来辅政大臣，廉洁如此，只有徐公，别人谁也比不上！”有些正义的大臣将徐光启“盖棺之日，囊无余资”的生活境况向崇祯皇帝作了汇报，请求朝廷给予其优厚的抚恤，以使那些贪污受贿者闻之惭愧。崇祯皇帝当即派内官赏赐给徐家办丧事所用物品及治丧银两等，又特派礼部尚书

李康主持丧礼，并设专人护丧回到上海。

崇祯七年（1634年）年初，徐光启的儿子徐骥扶柩南归，将父亲的灵柩暂厝于上海县城南门外的双园别墅。到了崇祯十四年（1641年），家人将徐光启安葬于上海县城西门外十余里的土山湾西北，即现在徐家汇的徐光启墓地。因为徐光启曾做过明朝的“阁老”，所以他的墓又称为“阁老坟”。墓前有石人石马、华表牌坊。光绪二十九年（1903年），徐光启墓重加修葺，焕然一新。墓前石坊上的匾额曰“文武元勋”；两边的对联是：“治历明农百世师，经天纬地；出将入相一个臣，奋武揆文。”

这副对联实在是对徐光启一生事业的恰如其分的概括。徐光启是明代后期“实学”思潮的倡导者。他旗帜鲜明地提倡经世致用，开一代风气之先。在反对王阳明心学的“空疏”，主张回到“经世致用”的朴学方面，徐光启可以说是先行者。顾炎武、黄宗羲、王夫之等明末著名思想家主张经世致用，常被人们称道，但开风气之先的还是徐光启。从明末复社的张溥、陈子龙到明清之际的一些启蒙思想家的进步思想中，我们可以清楚地看到徐光启对他们不同程度的影响。徐光启提倡实学，提倡经世致用，积极介绍西方科学知识，在扭转明末的“空疏”文风和学风方面，有不可磨灭的贡献。

徐光启是明代中国向西方追求科学和真理的先行者，是明末沟通中西方文化交流的第一个重要人物。他生活的时代，是东西方科学文化发展竞赛的重要时刻。徐光启第一个意识到中国在科学技术的许多方面已经落后，他面对西方的挑战，响亮地提出了学习西方、赶超西方的主张，在宣传和介绍西方先进科学技术方面，徐光启有披荆斩棘的开创之功。徐光启忧国忧民、改变祖国积贫积弱面貌的强烈愿望，驱使他坚持不懈，刻意追求。他好学不倦，即使身任宰辅，年逾古稀，仍然“目不停览，手不停笔”。为了中华民族的兴盛，为了科学文化的发展，徐光启毫无保留地贡献了自己的一生，成为那个时代的杰出人物。

对于西方传教士，徐光启看重的是他们有“种种有用之学”。由于时代的局限，徐光启对西方殖民主义者的本质还不可能有深刻认识。但他在竭尽全力宣传西方科学技术的同时，还保持着对西方殖民主义者入侵的应有警惕。当荷兰人侵占台湾，久留不去，继而又想占据澎湖列岛等地时，徐光启深以为忧，认为西方殖民主义者的入侵，才是对朝廷统治真正的威胁。这种认识是很有见地的。

徐光启不仅忠于国事，勤于钻研，在日常处事中，他也表现出高尚的人格。徐光启是一个孝子，对待父亲徐思诚一直很体贴孝顺。他从小就跟随父亲劳动，帮助父亲料理瓜田、菜地、果园的农活。自己考中进士留在翰林院后，就把老父亲接到京城的宅邸中同住，“备极孝养”，早晚请安，冬冷夏热时分照顾周到，老父亲生活所需，不等提出要求早就预先备好，使父亲在生活上尽可能的舒适满意。徐光启对早逝的祖母、母亲同样极具孝心，一直很怀念她们，后来，他为自己的祖父、祖母、父亲、母亲各写了一份传记，以示追念。徐光启不仅是个温和的丈夫也是位慈爱的父亲，但他对自己和家人在生活上的要求很严格。有一次，11 岁的独生子徐骥从一家富民门口走过，看到这家人非常吝啬，居然以麦屑煮粥。徐骥回家后向父亲谈到此事，拍掌大笑，嘲讽他们太寒酸。徐光启见儿子以口腹之欲讥笑他人，很是愤怒，痛斥儿子，自己还为之停食。儿子很惶恐，赶紧认错，还找来亲戚说情让父亲息怒。从此，徐骥再也不敢放肆讥笑别人了。徐光启当上翰林后，有一年过年那天早起，发现丢了一只袜带，他没声张，随便找了一根破布条系上。过了一个多月，夫人吴氏方才发现，便笑着对徐光启说：“都是当了翰林的人了，再穷也不能连一条袜带也买不起啊，外人不知情者

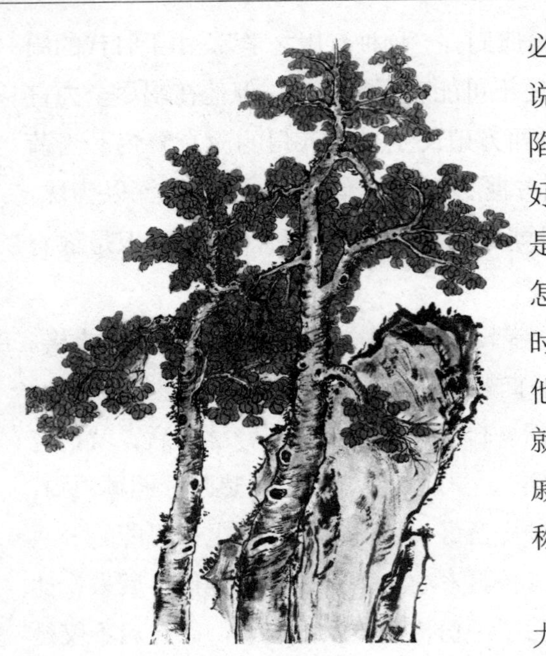

必然以为你故意矫饰。”徐光启对夫人说：“凡事无大小，都不可能没有缺陷，这样才符合天意。我如今穿得很好，冷热各有所防，只有这一袜带算是一处不当。我以为这正是自得其乐，怎么能说是矫饰呢？”徐光启在京城时，还常常写信给上海的亲属，告诉他们决不可因为他在京城当了大官，就在家乡为非作歹，“约束家人及亲戚，不可多事。以前受亏处，也不必称说报复等语，但以安静为生”。

徐光启对朋友从来都是满腔热忱，尤其对受难的亲友，常常以关怀为主，比往常更显亲密，必要时还仗义执言。焦竑是他的导师，但后来官运不佳，一直受到恶人排挤。但不论遇到什么情况，徐光启始终都把焦竑当做可敬的长辈看待，决不因政治上的一时浮沉而与之疏远。徐光启的一位姑父俞显卿，比他早中进士，曾官至兵部郎中，但后来为权臣陷害，罢职回乡。徐光启对他一直保持敬意，在为他写的《俞子如先生像赞》中称赞他：“贞心劲气，独留天地之间。”万历四十四年（1616年），由于保守派的诬陷，朝廷兴起“南京教案”，一批西洋传教士受到迫害，有的受到严刑拷打，有的被驱逐出境。徐光启这时挺身而出，仗义执言，为传教士们辩白，向朝廷担保，这些传教士绝不是歹徒。他还救援了一批传教士，让他们躲到上海自己的家中避难。诸如此类好义之事，使徐光启在亲友中的威望越来越高，也日益受到知识界的尊重，大家都认为他是一位可敬的长者。

后人为了纪念徐光启，在他的故乡上海修建了许多以他命名的建筑物。人们把徐光启当年住宅旁的一条马路叫做“光启路”，把他住宅的一部分建成徐光启的住宅遗址和徐光启祠。祠的东厅是家族宗祠，纪念徐氏列祖列宗，西厅是纪念徐光启的专祠，门匾上有“明相国徐文定公祠”的字样。祠内有徐光启的塑像，还有皇帝赐予的“王佐儒宗”的匾额。“王佐”是指他曾位至宰辅，是皇帝的辅佐；“儒宗”是指他的学术地位，是天下儒生的宗师。1983年，上海

市人民政府在他逝世 350 周年时，重新修葺了徐光启墓，并在墓前树立了徐光启雕像。1984 年，上海市把位于徐光启墓地的南丹公园改名为光启公园，供国内外人士凭吊。徐家的名为“后乐堂”的农庄别墅，在崇祯年间曾悬挂过皇帝钦赐的“儒宗人表”“文武元勋”两块匾额，早在清朝时就建为天主教堂，这就是如今耸立在上海市西南角的著名的徐家汇天主教堂。

徐光启生前，写有一首题为《题岁寒松柏图》的诗。在诗中，他把桃花与松柏作了对比：桃花艳丽，然而“天风吹严寒，零落一朝空”；而“郁郁松与柏，贞心独凌冬”。坚贞的松柏，几经风霜严寒，却是：“黛色欲参天，干石枯青铜。幽志自畴昔，持此谐清风。”这正是徐光启高尚品格的生动写照。

一代宗师，风范长存。徐光启这样一位在中国历史上起过进步作用的大科学家，将会永远为人民尊敬和纪念！